纳税实务全真实训系列教材

税务实训案例汇编

CMAC 认证中心编写组◎编

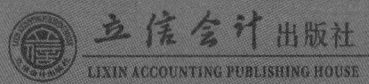
立信会计出版社
LIXIN ACCOUNTING PUBLISHING HOUSE

图书在版编目(CIP)数据

税务实训案例汇编 / CMAC 认证中心编写组编. —
上海：立信会计出版社,2016.7
ISBN 978 - 7 - 5429 - 5074 - 1

Ⅰ.①税… Ⅱ.①C… Ⅲ.①税收管理—中国—教材
Ⅳ.①F812.42

中国版本图书馆 CIP 数据核字(2016)第 166803 号

策划编辑　　陈　昕
责任编辑　　陈　昕
封面设计　　南房间

税务实训案例汇编

Shuiwu Shixun Anli Huibian

出版发行	立信会计出版社		
地　　址	上海市中山西路 2230 号	邮政编码	200235
电　　话	(021)64411389	传　　真	(021)64411325
网　　址	www.lixinaph.com	电子邮箱	lxaph@sh163.net
网上书店	www.shlx.net	电　　话	(021)64411071
经　　销	各地新华书店		

印　　刷	上海天地海设计印刷有限公司	
开　　本	787 毫米×1 092 毫米	1/16
印　　张	10.5	
字　　数	249 千字	
版　　次	2016 年 7 月第 1 版	
印　　次	2016 年 7 月第 1 次	
印　　数	1—3 100	
书　　号	ISBN 978 - 7 - 5429 - 5074 - 1/F	
定　　价	26.00 元	

如有印订差错,请与本社联系调换

税务实训案例汇编
编委会成员名单

主　　审　李高齐

编委会成员(按姓氏笔画为序)

前言 Foreword

本教材是税友集团·浙江衡信教育科技有限公司开发的高仿真纳税申报软件"税务实训平台"的配套教材,适用于高职高专财会类专业和经济管理类相关专业的"纳税实务""税法"和"税费计算与申报"等课程的教学。本教材有如下特点:

(1)票据式。本教材中的案例按照真实业务票表单证开发,以每一税种的纳税业务或某一纳税事项为一个项目进行编制,学生通过每个税种的案例在税务实训平台中练习,最后打印出实训报告,完成实训。

(2)全税种。本教材中的案例包含了所有税种,便于老师教学和学生学习使用。

(3)难度适中。本教材中的案例根据实际业务进行难易程度的区分,分为简单、中等和较难三个等级。简单案例适合课堂教学;中等难度案例适合课后学生训练、期末考试等;较难案例一般为综合案例,适用于学校集中实训或是实习实训。

(4)大赛训练案例。本教材编制了"全国税务技能大赛"的训练案例,不仅贴近课堂教学,也可作为参加"全国税务技能大赛"的训练教材。

本教材中的所有案例都可以在"税务实训平台"中实现系统自动评分。本教材着眼于训练学生计算应纳税额和办理纳税申报的能力,旨在通过案例引导,训练学生在会计岗位熟练运用相关税收法律的能力,达到了解税收理论知识、熟悉税法主要内容和熟练操作办税业务的教学目的。本教材及相应课程培养的职业能力目标如下:

(1)了解税收基本理论知识,熟悉主要的税收法律、法规。

(2)能对各种税收业务进行准确的职业判断并进行应纳税额的计算。

(3)能准确、熟练地填写纳税申报表和其他各种办税业务表格。

(4)能熟练使用各种办税业务软件和网络报税平台。

CMAC 认证中心编写组

2016 年 8 月

CMAC 认证与初级税务专员

CMAC 认证的全称是会计能力成熟度认证,该认证致力于提升中国会计人员专业技能和综合素质,是财政部关于《会计行业中长期人才发展规划(2010—2020)》的重要部署。

CMAC 认证中心通过联合财政部会计资格评价中心、中国会计学会及有关财经院校等方面的专家力量,引进国外先进的人才测评技术,自主研发了 HX—LMS 系统和 CMAC 认证平台,创建了会计岗位能力模型。CMAC 认证是会计人员在国家会计专业技术职称评定之外的又一个权威会计岗位认证体系,是岗位认证技术创新成果的重要应用。

该认证包括实习员、出纳员、初级税务专员、财务经理、财务总监等共 15 个岗位等级证书,是企业招聘、用人的测评工具,是会计专业人士的终身专业"护照",此证书已经被广大用人单位了解和接受。

初级税务专员是 CMAC 认证中心推出的一款专门培养企业办理涉税业务人员的技能等级证书,侧重于培养和测评会计人员对经营主体涉税业务的相关知识和操作技能,既包括税收理论、税收政策等知识的掌握,也包括实际业务操作技能的训练。初级税务专员实训项目紧跟国家税收管理科学化、精细化、信息化的潮流,围绕企业和税务局普遍使用的信息系统、管理工具及业务流程,完全模拟实际操作环境、票据及管理要求,给予学生身临其境的效果,增强对实际业务的感性认识,提高学生实际业务动手能力,从而提高就业竞争力。

初级税务专员实训项目主要包括以下内容:

- 增值税发票网上认证实训系统。
- 增值税防伪开票实训系统。
- 增值税发票网上抄报税实训系统。
- 增值税一般纳税人申报实训系统。
- 增值税小规模纳税人申报实训系统。
- 查账征收企业所得税纳税申报实训系统。
- 核定征收企业所得税纳税申报实训系统。

- 个人所得税纳税申报实训系统。
- 地税综合税收申报实训系统。

学生参加以上任意一个实训项目,经上机操作考试合格,可获得单项实训合格证书。在此基础上,参加 CMAC 认证中心学习,取得 CAMC 3 级电子证书后,可向财刀网申请取得"初级税务专员"纸质证书。

实训合格证和初级税务专员证书能给学生带来应聘、晋级、加薪等方面的帮助。

更详细资讯请查阅财刀网,网址:http://www.caidao8.com。

CAMC 认证中心

2016 年 8 月

目录 *Contents*

CHAPTER 1

第 **1** 部分

软件使用指南

◎ **通过本章你可以学到**

➢ 安装税务实训平台软件

➢ 授权系统登录

➢ 税务软件操作指南

第1节　下载税务实训平台安装包以及安装软件

一、下载税务实训平台安装包

登录财刀网"http://www.caidao8.com/"，在首页的右侧找到税务实训平台，如图 1-1 所示。

图 1-1　税务实训平台

进入税务实训平台后，找到"财刀网税务实训平台客户端"，点击"免费下载"，进行软件安装包的下载，如图 1-2 所示。

图 1-2　税务实训平台下载

二、安装税务实训平台软件

下载好软件安装包之后,解压安装即可,如图 1-3 所示。

☐ 📦 税务实训平台V3.8.000安装包.rar		714M	2016-04-26 18:01
☐ 📦 税务实训V3.7000安装包.rar		700.5M	2016-03-09 16:10
☐ 📦 手工升级包V3.5.000-3.6.005.rar		120M	2015-12-08 17:57
☐ 📄 HxReg3.0.exe		1.2M	2016-03-16 15:02

图 1-3　解压税务实训平台安装包

软件成功安装完毕之后,桌面上会出现图标 ,这就是软件企业端的操作入口。

第 2 节　授 权 系 统

税务实训平台软件总共分模拟两个角色,分别是局端和企业端,统一由税务实训平台的授权系统进行管理。在安装完成之后,出现另外一个图标如图 1-4 所示。双击"金税盘发行子系统"即可进入授权系统,输入账号便可登入。

实训平台授权系统的页面,如图 1-5 所示。授权系统有三个入口,分别是老师、管理员和学生。管理员和老师模拟了局端的角色,学生模拟了企业端的角色。

图 1-4　金税盘发行子系统

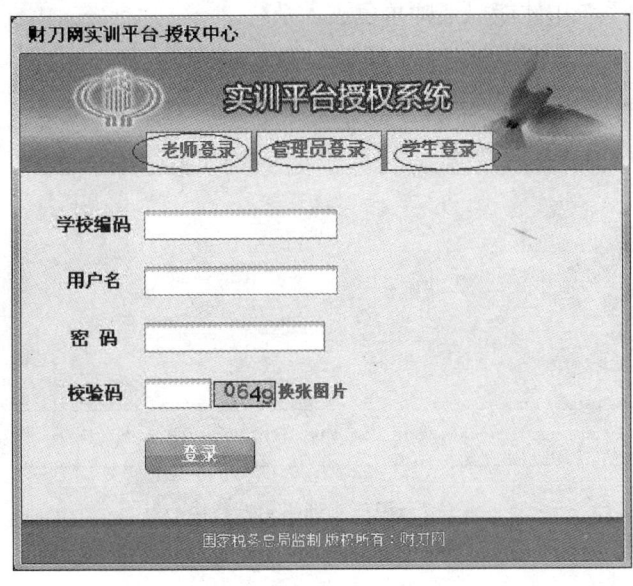

图 1-5　税务实训平台授权系统

一、管理员登录

管理员账号的命名规则为:admin＋学校编码,密码123456。每个学校都有自己的学校编码,假设学校编码为10448,则如图1-6所示。

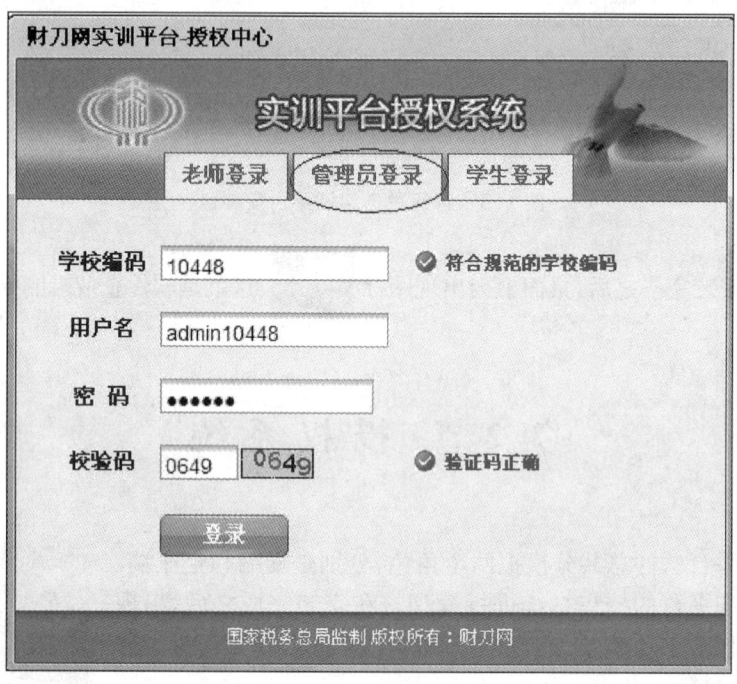

图1-6 税务实训平台管理员登录

登录实训平台后会出现如图1-7所示界面,可以新增老师账号,新增班级和学生,查看成绩以及授权信息,等等。管理员角色主要起到整体的管理功能,尤其是新增老师账号,必须新增账号,在授权系统中才能以老师角色进入系统。

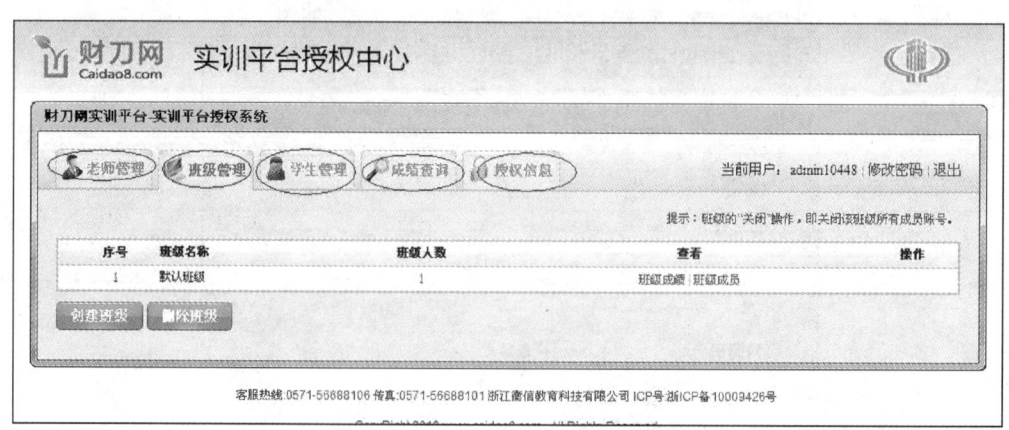

图1-7 税务实训平台授权中心

二、老师登录

假设新增了老师账号admin10448,密码还是123456,则登录界面如图1-8所示。

图 1-8 登录账号 admin10448

进入以后,新增班级、学生,查询成绩和授权信息等功能同管理员的权限是一样的,现在要做的就是发布教学案例,如图 1-9 所示。

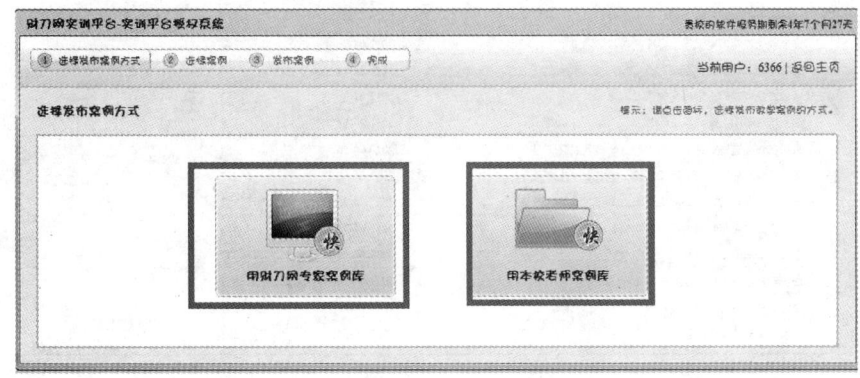

图 1-9 配置教学案例

点击配置教学案例,会出现两个案例库,分别是财刀网专家案例库和本校老师案例库,选择所要配置案例的班级,可根据自身需求选择案例。

学生在企业端操作税务实训平台的系统之后,可进行系统评分,现在发布的案例就是系统评分的标准。另外,老师还可以下载电子版案例。选择发布案例方式如图 1-10 所示。

图 1-10 选择发布案例方式

三、学生登录

此时,学生模拟了企业端的角色,所以假设新增的学生账号是 admin10448,密码是 123456,如图 1-11 所示。

图 1-11 学生登录税务实训平台

学生可在授权系统里面查询到自己实训所做的成绩以及查看授权信息,如图 1-12 所示。

图 1-12 学生查询成绩及授权信息

第 3 节　税务软件操作指南

一、老师账号注册

登录管理员账号进行老师账号注册,具体操作如图 1-13 所示。

双击桌面的开票发行子系统,进入如图 1-14 界面(点击红色按钮切换老师管理):

图 1-13　金税盘发行子系统

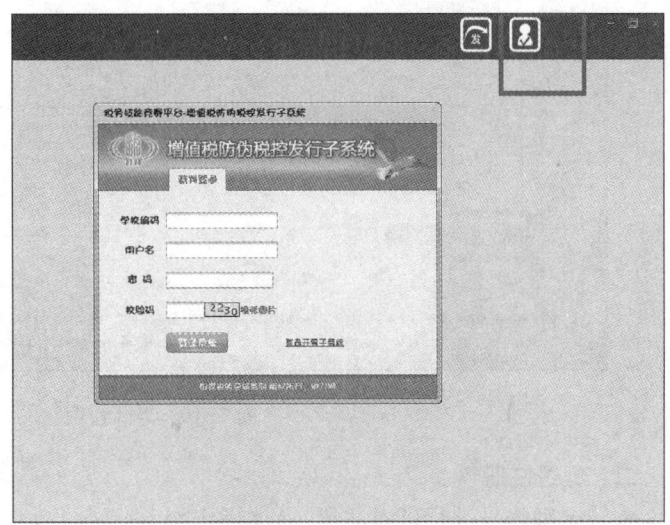

图 1-14　登录子系统界面

在如图 1-15 界面选择管理员登录,然后输入相关信息进行登录。

学校编码	管理员账号	密码
每个学校有自己的学校编码	admin＋学校编码	123456

图 1-15　管理员登录

　　登录后,先单击"老师管理"然后单击左下角的"新增老师",如图 1-16 所示。然后弹出对话框,在对话框输入老师的账号、姓名,然后单击"立即注册"即可完成添加。

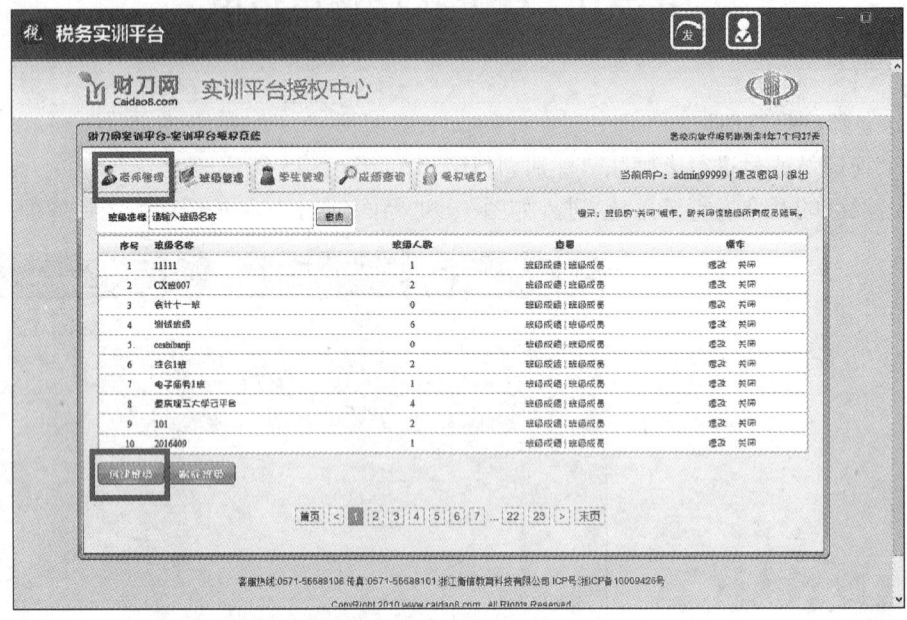

图 1-16　老师管理

二、班级注册

登录老师账号进行班级注册,具体操作如下所示。

(1) 双击桌面的开票发行子系统。

(2) 点击"创建班级",如图 1-17 所示。

图 1-17　创建班级

（3）填入班级名称，如图 1-18 所示。

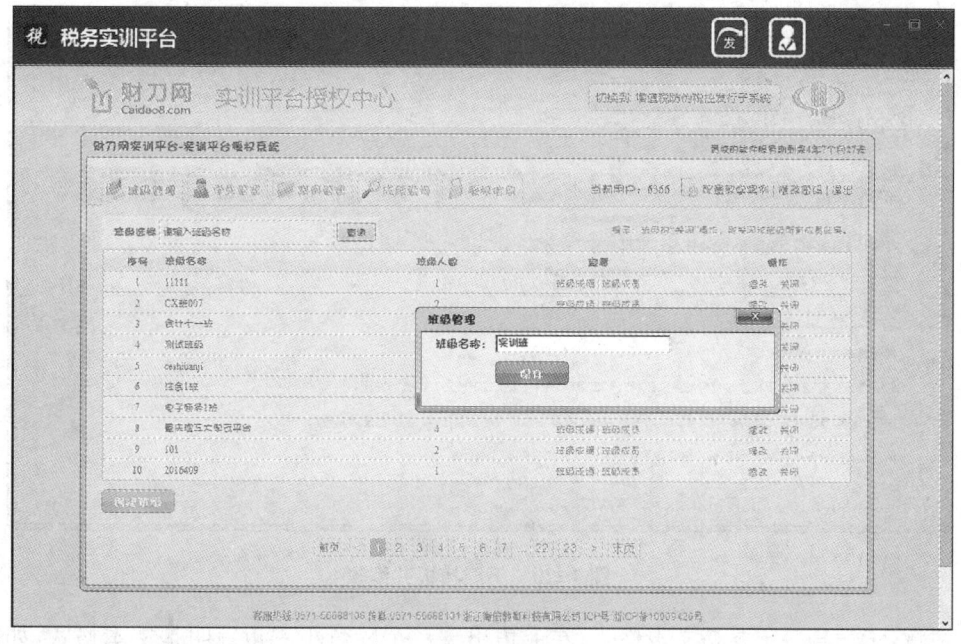

图 1-18　填入班级名称

三、学生账号注册

登录老师账号注册学生信息，具体操作如下所示。

（1）双击桌面的开票发行子系统。

（2）批量注册学生，如图 1-19 所示。

图 1-19　批量注册

（3）下载模板，按模板上的要求进行编辑。

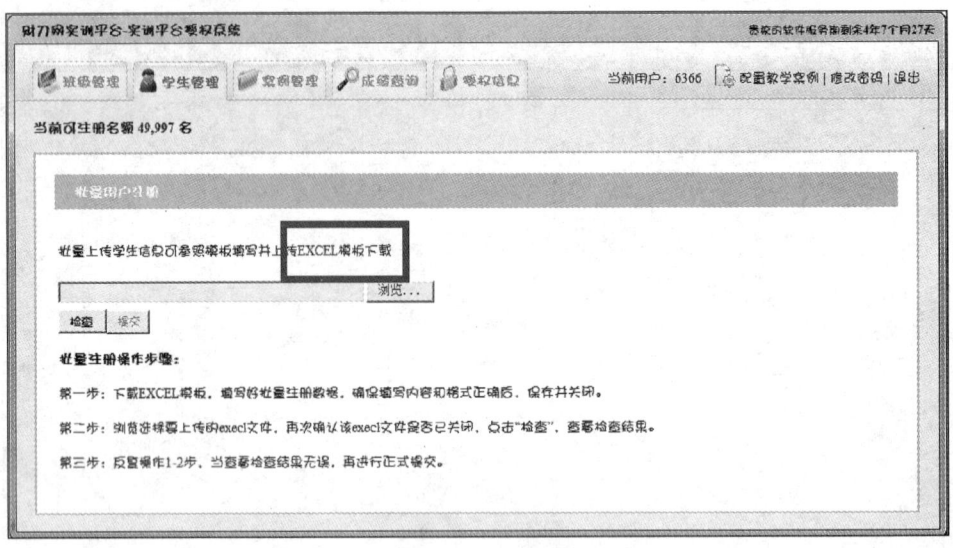

图1-20 下载模板并编辑

注意：①学号一定要是文本格式，左上角出现一个绿色小三角表明是文本格式，如图1-21所示。②Excel的版本是2003版本的。③再次检查确认没有问题即可注册成功。④若遇到问题，首先检查学号是否文本格式。其次检查Excel版本是否是2003版本的。最后检查是否有学生已经注册，将Excel表格对应的学生信息删除，再次注册即可。

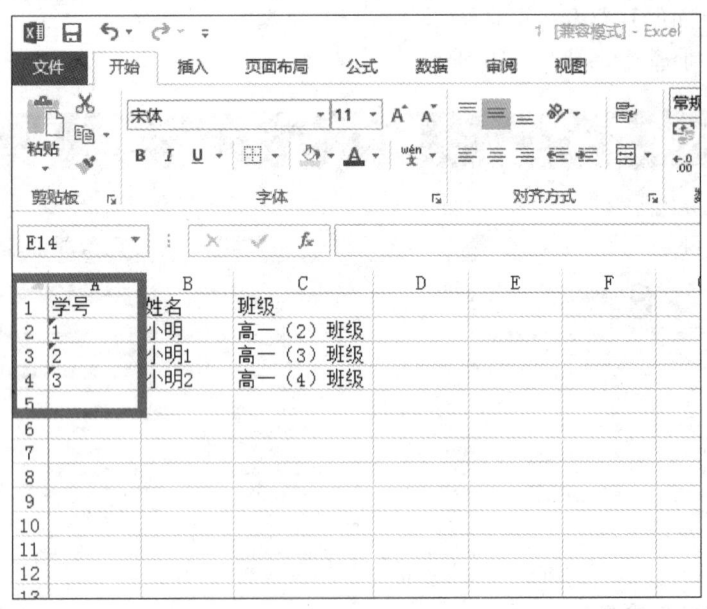

图1-21 文本格式

四、发布教学案例

（1）输入老师账号进行登录，如图1-22所示。

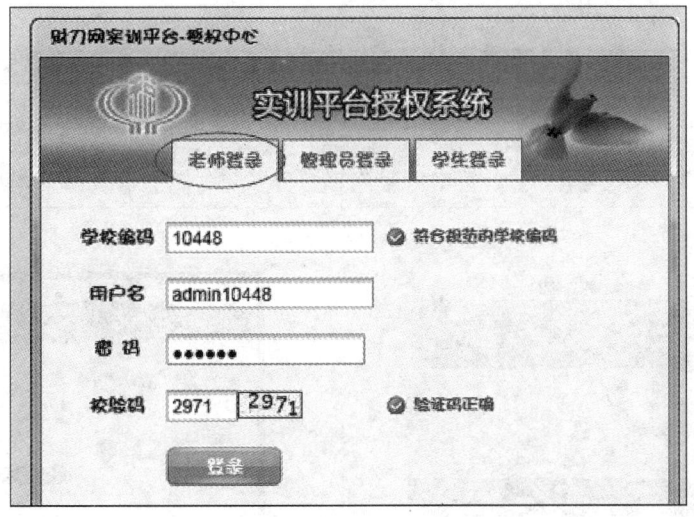

图 1-22　老师登录

（2）单击"案例管理"，如图 1-23 所示。

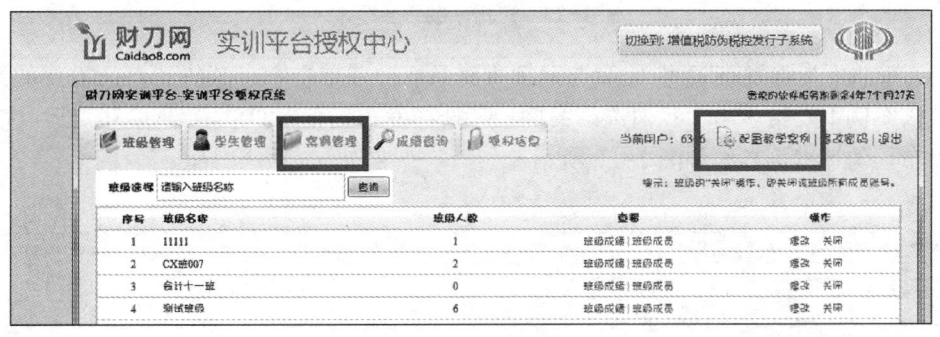

图 1-23　案例管理界面

（3）发布案例方式，选择"用财刀网专家案例库"，选择 3.0 版本的案例，如图 1-24 和图 1-25 所示。

图 1-24　选择发布案例方式

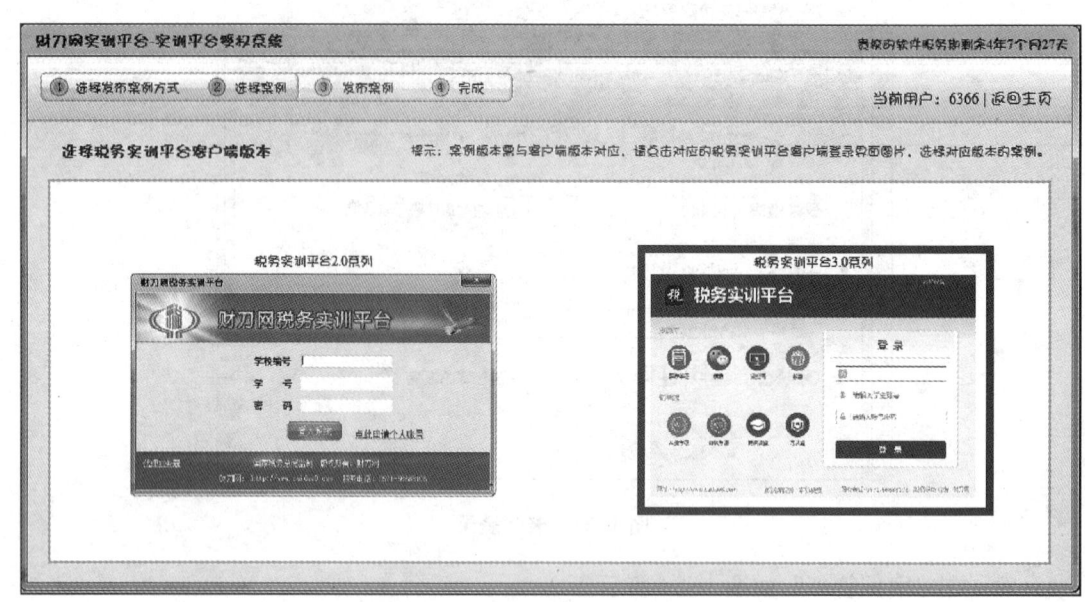

图 1-25 选择系统平台版本

（4）按如下步骤发布案例：①筛选案例所属系统。②单击"查询"找到自己需要的案例。③下载该案例下发给学生。④勾选该案例。⑤选择发布班级。⑥单击"下一步"即可完成案例的发布。勾选案例界面如图 1-26 所示。

图 1-26 勾选所需案例

CHAPTER 2

第 **2** 部分

案例汇编

通过本章你可以学到

➤ 增值税防伪开票实训案例

➤ 增值税一般纳税人案例

➤ 增值税小规模纳税人案例

➤ 消费税案例

➤ 企业所得税案例

➤ 个人所得税案例

➤ 地税综合案例

➤ 财务报表案例

➤ 全国税务技能大赛案例样题

第1节 增值税防伪开票实训案例

——V 3.0 增值税防伪开票实训案例

增值税是对销售或者进口货物、提供加工、修理修配劳务货物以及提供应税服务的单位和个人就其实现的增值额征收的一个税种。

1. 实训目的

（1）通过实训了解、掌握增值税一般纳税人开票业务。

（2）通过实训掌握关于我国国家增值税业务相关知识。

2. 企业资料

本教材模拟以学员为主体的销货方主营业务为办公用品经销,主要经销打印机、复印机、复印纸、计算器等办公用品。公司在申请一般纳税人资格认定时经主管税务机关核定其每月可领购20份最高开票限额为10万元的增值税专用发票,价税合计金额不得超过117 000.00元。

3. 实训资料

参加实训的学生可彼此提供各自的销货方信息给对方,作为彼此在开具发票时购货方项目的填列信息,如此,学生可更换不同的开票单位作为开具发票的购货方。在开票系统中填列所要开具的购货方(以下简称A公司)信息。实训内容分A、B两个月进行,共20笔经济业务。

公司为加速资金周转、减少库存压力,对购买指定型号打印机的产品给予适当商业折扣优惠,具体销售政策及开票经济业务如下。

购买LBP 3500型号的折扣政策如表2-1所示。

表2-1 LBP 3500型折扣政策

数 量	折扣比例	数 量	折扣比例
5～10台	1.0%	16～20台	2.0%
11～15台	1.5%	大于20台	3.0%

购买LBP 3310型号的折扣政策如表2-2所示。

表2-2 LBP 3310型折扣政策

数 量	折扣比例	数 量	折扣比例
3～5台	0.5%	11～15台	1.2%
6～10台	0.8%	大于15台	2.0%

购买LBP 5060型号的折扣政策如表2-3所示。

表2-3 LBP 5060型折扣政策

数 量	折扣比例	数 量	折扣比例
3～5台	1.0%	11～20台	2%
6～10台	1.5%	大于20台	3%

根据以下要求开具增值税专用发票(注:开具发票时注意折扣信息)。

A月实训销售资料如下:

(1)向A公司销售货物资料如表2-4所示。请在备注栏内注明收款方式为:银行转账。

表2-4 向A公司销售货物资料(1)

货物名称(型号)	数量	不含税单价
打印机 LBP 6108	5 台	3 600.00
复印机 ML-2245	2 台	8 960.00
复印纸	10 箱	250.00
价税合计		44 951.40

(2)向A公司销售货物资料如表2-5所示。请在备注栏内注明收款方式为:银行转账。

表2-5 向A公司销售货物资料(2)

货物名称(型号)	数量	不含税单价
打印机 LBP 2900	2 台	2 850.00
打印机 Hp 1000	5 台	3 300.00
打印机 LBP 3095	2 台	3 600.00
复印机 ML-2245	3 台	8 960.00
A4 纸	4 箱	56.00
价税合计		66 109.68

(3)向A公司销售货物资料如表2-6所示。请在备注栏内注明收款方式为:现金。

表2-6 向A公司销售货物资料(3)

货物名称(型号)	数量	不含税单价
打印机 LBP 6108	2 台	3 600.00
复印机 ML-2245	2 台	8 960.00
A4 纸	100 箱	56.00
复印纸	50 箱	250.00
价税合计		50 567.40

(4)向A公司销售货物资料如表2-7所示。请在备注栏内注明收款方式为:银行转账。

表2-7 向A公司销售货物资料(4)

货物名称(型号)	数量	不含税单价
打印机 LBP 5050	15 台	3 600.00
打印机 LBP 7200	8 台	4 760.00
打印机 LBP 3250	9 台	4 700.00
价税合计		157 224.60

(5)通过"发票作废"功能,作废已开具的第2张发票。第2张发票向A公司销售货物清单资料如表2-5所示。

(6)向A公司销售货物清单资料如表2-8所示。请在备注栏内注明收款方式为:银行转账。

表 2-8　向 A 公司销售货物资料(5)

货物名称(型号)	数量	不含税单价
打印机 LBP 2900	2 台	2 850.00
打印机 LBP 5050	3 台	3 600.00
打印机 Hp 1022	2 台	3 950.00
打印机 LBP 3095	2 台	3 600.00
复印纸	10 箱	250.00
A4 纸	20 箱	56.00
打印机 Hp 1000	3 台	3 300.00
打印机 LBP 6650	1 台	5 100.00
打印机 LBP 6300	2 台	3 200.00
计算器	10 台	65.00
打印机 LBP 3018	3 台	3 800.00
打印机 LBP 7200	1 台	4 760.00
打印机 LBP 5108	1 台	5 800.00
打印机 LBP 3000	1 台	4 320.00
价税合计		97 753.50

(7) 向 A 公司销售货物资料如表 2-9 所示。请在备注栏内注明收款方式为:银行转账。

表 2-9　向 A 公司销售货物资料(6)

货物名称(型号)	数量	不含税单价
打印机 LBP 6650	14 台	5 100.00
打印机 Hp 1020	2 台	3 600.00
复印纸	9 箱	250.00
价税合计		94 594.50

(8) 向 A 公司销售货物资料如表 2-10 所示。请在备注栏内注明收款方式为:现金。

表 2-10　向 A 公司销售货物资料(7)

货物名称(型号)	数量	不含税单价
打印机 LBP 2900	1 台	2 850.00
计算器	2 台	65.00
复印纸	9 箱	250.00
价税合计		6 119.10

(9) 向 A 公司销售货物资料如表 2-11 所示。请在备注栏内注明收款方式为:现金。

表 2-11　向 A 公司销售货物资料(8)

货物名称(型号)	数量	不含税单价
打印机 LBP 6200	1 台	4 500.00
复印纸	9 箱	250.00
价税合计		7 897.50

完成 A 月开具发票实训后,金税卡内时间可能还没有到次月的抄税期,为模拟纳税期 IC 卡抄税业务流程,此时学生可持 IC 卡向老师申请修改"金税卡时钟"授权。在获得授权后,进入实训开票系统进行修改"金税卡时钟"操作,将开票系统金税卡时间修改为"B 月 1 日",同时通过点击"抄税处理"功能进行开票系统的抄税工作。抄税成功后,学生可持资料到老师处模拟 IC 卡报税工作。

在报税成功后,可继续根据已经提供的 B 月资料利用开票系统完成增值税专用发票开具。

B 月实训销售资料如下。

(1) 向 A 公司销售货物资料如表 2-12 所示。请在备注栏内注明收款方式为:银行转账。

表 2-12 向 A 公司销售货物资料(9)

货物名称(型号)	数 量	不含税单价
打印机 Hp 1022	6 台	3 950.00
打印机 Hp 1012	6 台	3 450.00
计算器	5 台	65.00
价税合计		52 328.25

(2) 向 A 公司销售货物资料如表 2-13 所示。请在备注栏内注明收款方式为:现金。

表 2-13 向 A 公司销售货物资料(10)

货物名称(型号)	数 量	不含税单价
打印机 LBP 3500	11 台	3 500.00
复印机 ML - 2245	3 台	8 960.00
A4 纸	4 箱	56.00
价税合计		76 081.00

(3) 采用"发票复制"功能复制 A 月填开的第 6 张发票,向 A 公司销售货物资料如表 2-8 所示。

(4) 由于 A 月开具的第 9 张发票购货方申报进项税抵扣时无法认证通过,在 B 月购货方要求重新开具增值税专用发票,并对已开具的发票进行开具负数发票处理。A 月向 A 公司开具的第 9 张销售资料如表 2-11 所示。

(5) 向 A 公司销售货物资料如表 2-14 所示。请在备注栏内注明收款方式为:银行转账。

表 2-14 向 A 公司销售货物资料(11)

货物名称(型号)	数 量	不含税单价
打印机 LBP 5050	5 台	3 600.00
打印机 LBP 6200	5 台	4 500.00
打印机 LBP 3310	8 台	4 600.00
价税合计		90 096.55

(6) 向 A 公司销售货物资料如表 2-15 所示。请在备注栏内注明收款方式为：现金。

表 2-15　向 A 公司销售货物资料(12)

货物名称(型号)	数　量	不含税单价
打印机 LBP 3000	1 台	4 320.00
价税合计		5 054.40

(7) 向 A 公司销售货物资料如表 2-16 所示。请在备注栏内注明收款方式为：现金。

表 2-16　向 A 公司销售货物资料(13)

货物名称(型号)	数　量	不含税单价
打印机 LBP 3000	2 台	4 320.00
打印机 LBP 3310	1 台	4 600.00
打印机 LBP 5108	1 台	5 800.00
价税合计		22 276.80

(8) 将 B 月开具的第 1 张发票作废：B 月第 1 张向 A 公司销售货物资料如表 2-12 所示。

(9) 向 A 公司销售货物资料如表 2-17 所示。请在备注栏内注明收款方式为：现金。

表 2-17　向 A 公司销售货物资料(14)

货物名称(型号)	数　量	不含税单价
计算器	10 台	65.00
复印纸	5 台	250.00
价税合计		2 223.00

(10) 由于发生退货，请将 A 月第 8 张发票作红字发票处理：销售货物资料如表 2-10 所示。

完成 B 月开具发票实训后，金税卡内时间如没到次月的抄税期，为方便模拟纳税期 IC 卡抄税业务流程，学生可持 IC 卡向老师申请修改"金税卡时钟"授权。在获得授权后，进入模拟开票系统进行修改"金税卡时钟"操作，将开票系统金税卡时间修改为"C 月 1 日"，同时通过点击"抄税处理"功能进行开票系统的抄税工作，抄税成功，统计如 A 月的发票开具资料信息后，学员此时可持 IC 卡到老师处模拟 IC 卡报税工作。

至此两个月共 20 项全部经济业务模拟完成，如实习结束后仍有没用完的发票，学生应将已经领购但未填开的发票的电子信息在自己的防伪税控系统内作"发票退回"处理，并携带相关对应的纸制发票到主管老师处进行模拟所购发票的退回工作。

在日常工作中，还要针对不同版面的增值税专用发票的开票限额加以区分，同时财刀网会不断完善实训系统升级，满足实训要求。

4. 报告提交

通过两个月的开票实训，参训学生应基本掌握发行、开票、抄报税等基础知识，同时提交实训报告。

第2节 增值税一般纳税人案例

一、V 3.0 增值税一般纳税人网上申报教学版案例 1

1. 实训目的

(1) 熟悉增值税纳税申报流程。

(2) 熟悉、掌握增值税一般纳税人申报原理。

(3) 掌握增值税纳税申报表及附表的填制。

(4) 熟悉、掌握《中华人民共和国增值税暂行条例》及其实施细则的基本原理。

2. 实训程序

(1) 发票数据采集。

(2) 填写附表资料。

(3) 增值税纳税申报主表填写。

(4) 申报查询、系统评分,提交实训报告。

> **知识链接**
>
> 增值税一般纳税人销售货物或者提供应税劳务的应纳税额,应等于当期销项税额抵扣当期进项税额后的余额。其公式如下:
>
> 当期应纳税额＝当期销项税额－当期进项税额
>
> ＝当期销售额×适用税率－当期进项税额
>
> 在计算应纳税额时会出现当期销项税额小于当期进项税额不足抵扣的情况。根据税法规定,当期进项税额不足抵扣的部分可以结转下期继续抵扣。(详请参阅本系统平台"藏经阁")

3. 实训资料

参加实训的学生根据下面提供的案例数据进行模拟的增值税网上申报。首先,将提供的各项发票资料录入对应的发票处理模块,添加保存成功后进入报表填写,报表填写的顺序是固定资产进项税额抵扣情况表、附表二、附表一和增值税纳税申报主表。纳税申报表数据会根据纳税人员在发票采集中填列的信息自动生成。

请将当前税款所属期设置成 2016 年 01 月。

资料一 税控系统开票资料(提示:先按开票资料开具增值税专用发票,按发票上的金额进行申报。开票日期不做要求)。

1) 方正包装有限公司(简称方正公司,税号:330288880000045,开户行:工商银行,银行账户:789789789789789)为长期合作客户,本月向方正包装有限公司销售货物,资料如下。

(1) 销售货物明细资料如表 2-18 所示。请在备注栏内注明收款方式为:银行转账。

表2-18 向方正公司销售货物明细资料(1)

货物名称(型号)	数 量	不含税单价
打印机 LBP 3250	8 台	4 520.00
打印机 LBP 6300	3 台	3 000.00
打印机 LBP 6650	2 台	5 100.00

(2)销售货物明细资料如表2-19所示。请在备注栏内注明收款方式为:现金。

表2-19 向方正公司销售货物明细资料(2)

货物名称(型号)	数 量	不含税单价
A4 纸	15 箱	135.00
打印纸 窄行	25 箱	68.00

(3)销售货物明细资料如表2-20所示。请在备注栏内注明收款方式为:转账支票。打印机 LBP 6108 给予 2% 的商业折扣。

表2-20 向方正公司销售货物明细资料(3)

货物名称(型号)	数 量	不含税单价
打印机 LBP 6108	12 台	3 580.00
复印机 ML - 2245	3 台	8 500.00

(4)销售货物明细资料如表2-21所示。请在备注栏内注明收款方式为:转账支票。打印机 LBP 3250 给予 3% 的折扣,打印机 LBP 3095 给予 1.5% 的折扣。

表2-21 向方正公司销售货物明细资料(4)

货物名称(型号)	数 量	不含税单价
打印机 LBP 3250	4 台	3 350.00
打印机 LBP 5050	5 台	3 600.00
打印机 LBP 3095	9 台	3 700.00

2)本月向富通印刷器材商行(简称富通商行,税号330199999000065,地址:城中北路203-2号,开户行及账号88245879879789)销售货物如下:

(1)销售货物明细资料如表2-22所示。请在备注栏内注明收款方式为:转账支票。

表2-22 向富通商行销售货物明细资料(1)

货物名称(型号)	数 量	不含税单价
打印机 LBP 3095	4 台	3 600.00
打印机 LBP 6650	5 台	5 050.00
打印机 LBP 7200	5 台	4 700.00

（2）销售货物明细资料如表 2-23 所示。开具清单发票，请在备注栏内注明收款方式为：银行转账。该批货物给予 2‰ 的折扣。

表 2-23　向富通商行销售货物明细资料（2）

货物名称（型号）	数　量	不含税单价
复印机 ML-2245	2 台	5 600.00
打印机 LBP 3310	3 台	4 500.00
打印机 Hp 1010	2 台	3 500.00
打印机 LBP 3095	3 台	3 580.00
打印机 Epson LQ-680k	4 台	5 680.00
打印机 LBP 6650	2 台	5 050.00
打印机 LBP 7200	3 台	4 660.00
复印纸	10 箱	250.00
计算器	30 台	65.00

3）本月向鼎坚电子科技有限公司（简称鼎坚公司，税号 330199999000005，地址：中兴中路 107 号 a 栋 401，开户行及账号 789789789789789）转让一项专项技术，款项共计 98 000.00 元。

4）本月向立天实业有限公司（简称立天公司，税号 330199999000028，地址：肖江镇世纪大道，开户行与账号：789789789789789）销售货物如下。

（1）销售货物明细资料如表 2-24 所示。请在备注栏内注明收款方式为：银行转账。

表 2-24　向立天公司销售货物明细资料（1）

货物名称（型号）	数　量	不含税单价
打印机 Epson LQ-590k	2 台	6 250.00
打印机 Epson LQ-300k	3 台	5 350.00
打印机 Epson LQ-680k	1 台	5 680.00

（2）销售货物明细资料如表 2-25 所示。折扣均为 2‰。

表 2-25　向立天公司销售货物明细资料（2）

货物名称（型号）	数　量	不含税单价
打印机 LBP 7200	4 台	4 760.00
打印机 LBP 3095	2 台	3 550.00

资料二　进项发票认证资料，上期留抵进项税额 73 380.20 元，如图 2-1 至图 2-10 所示。

「税务」

Shuiwu
系列教材 *Xilie Jiaocai*

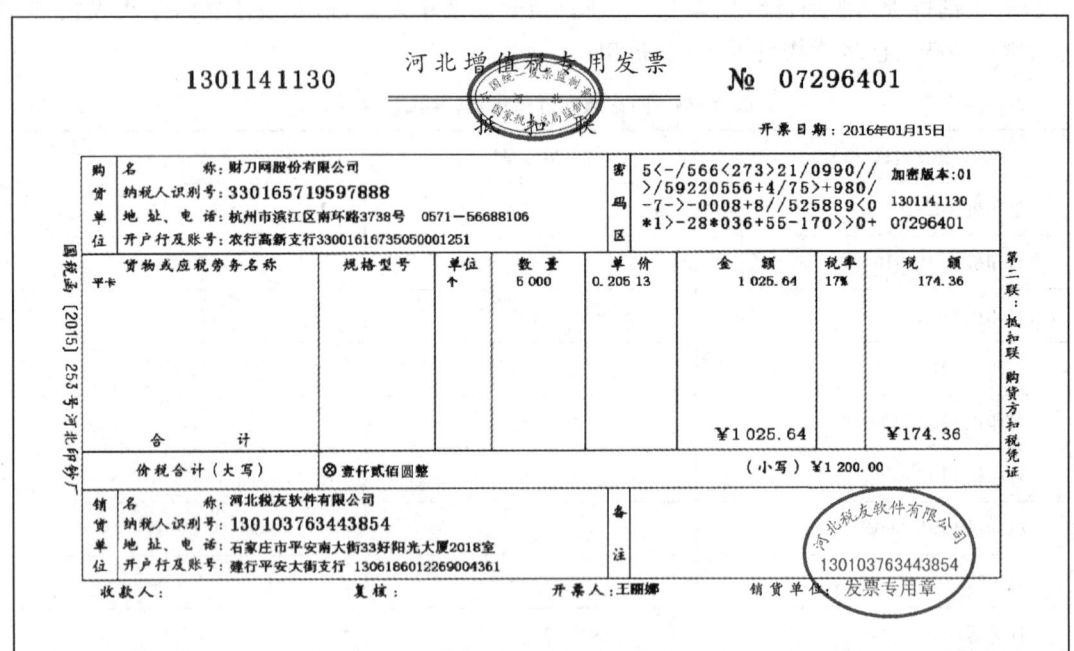

图 2-1　增值税专用发票(1)

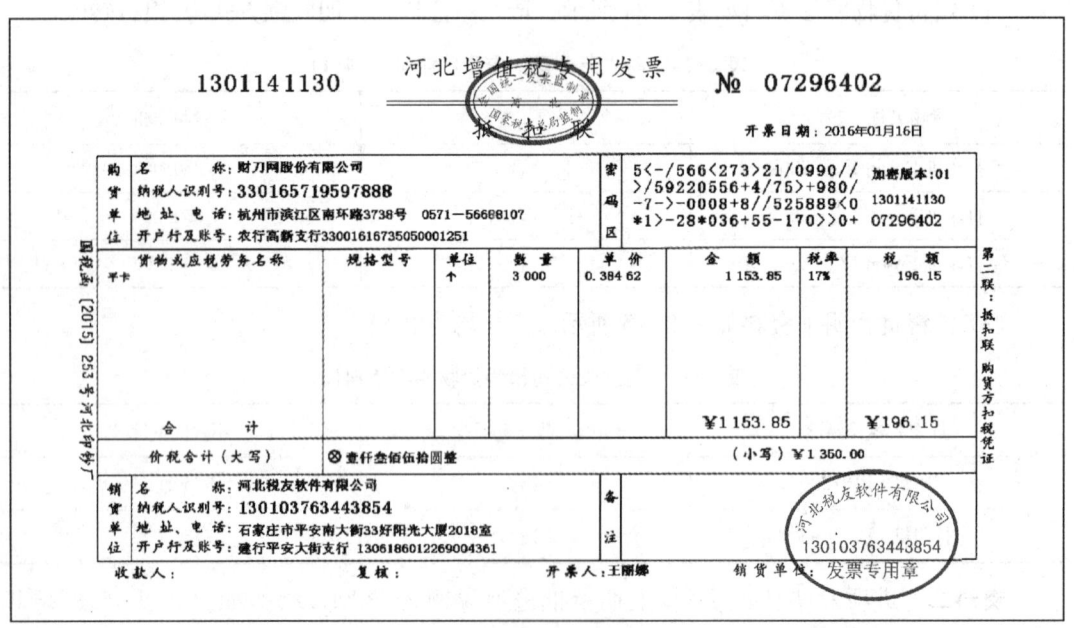

图 2-2　增值税专用发票(2)

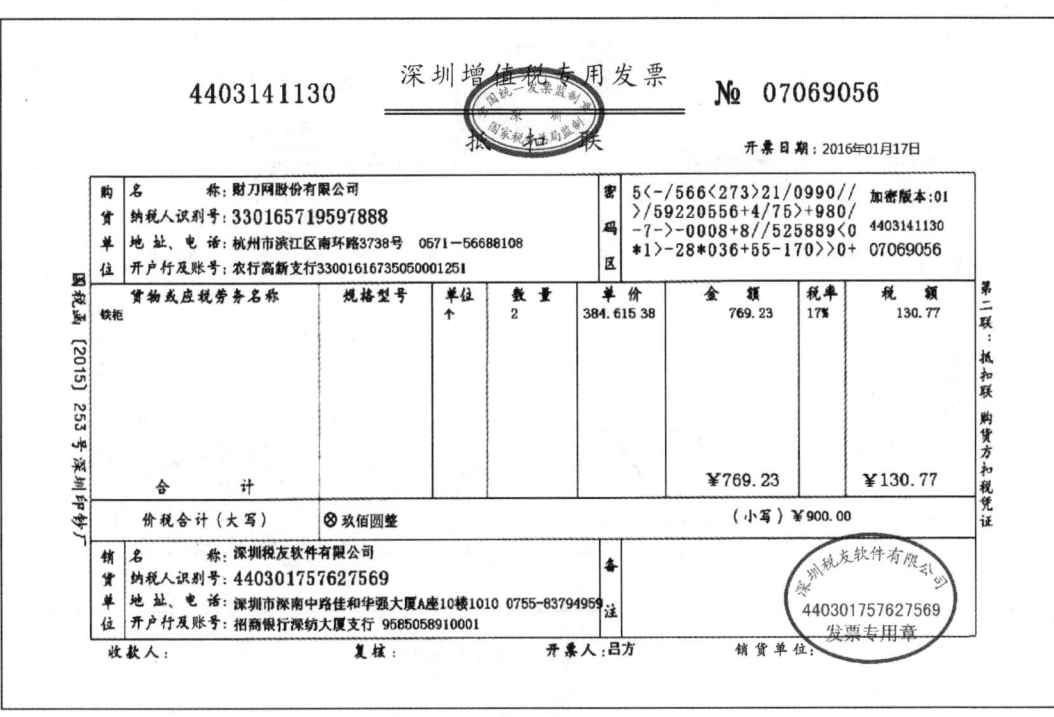

图 2-3　增值税专用发票(3)

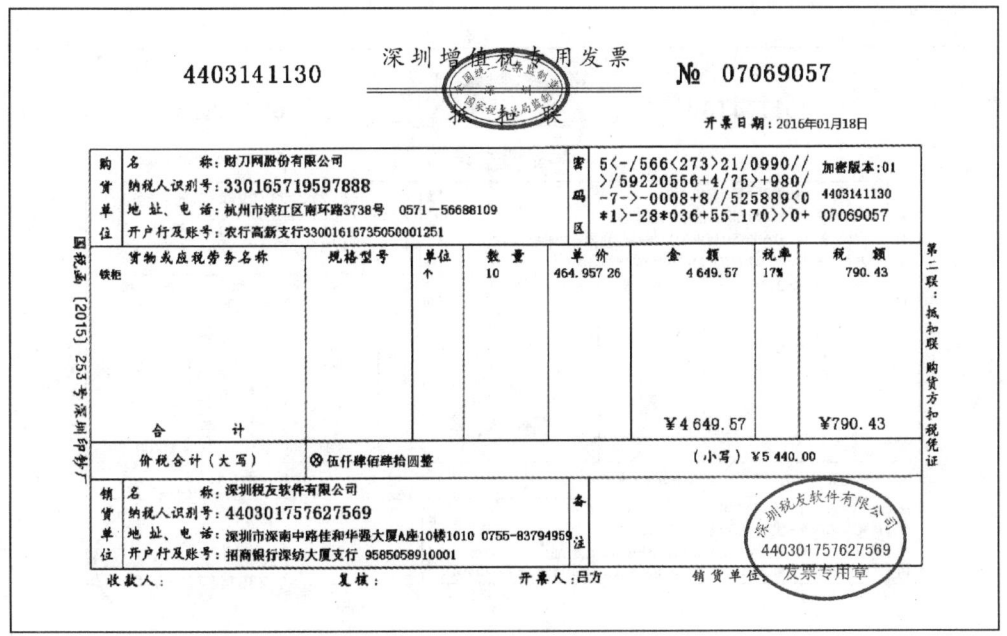

图 2-4　增值税专用发票(4)

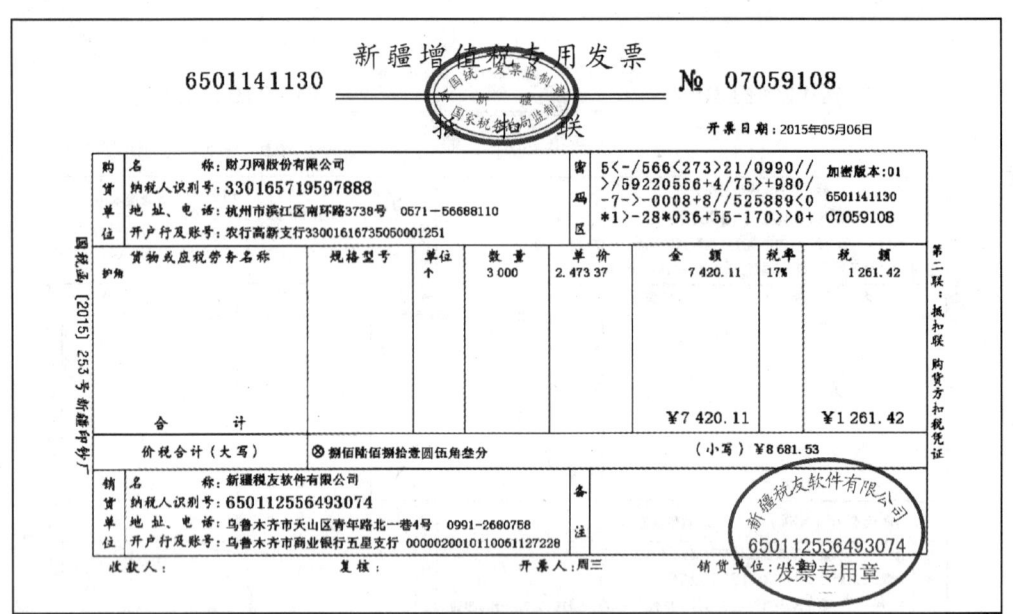

图 2-5　增值税专用发票(5)

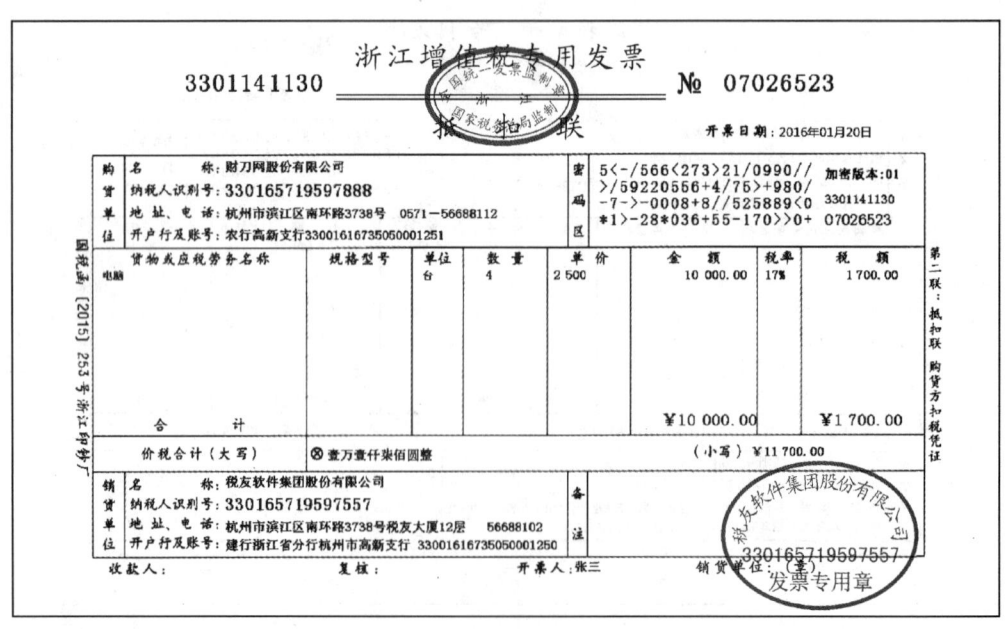

图 2-6　增值税专用发票(6)

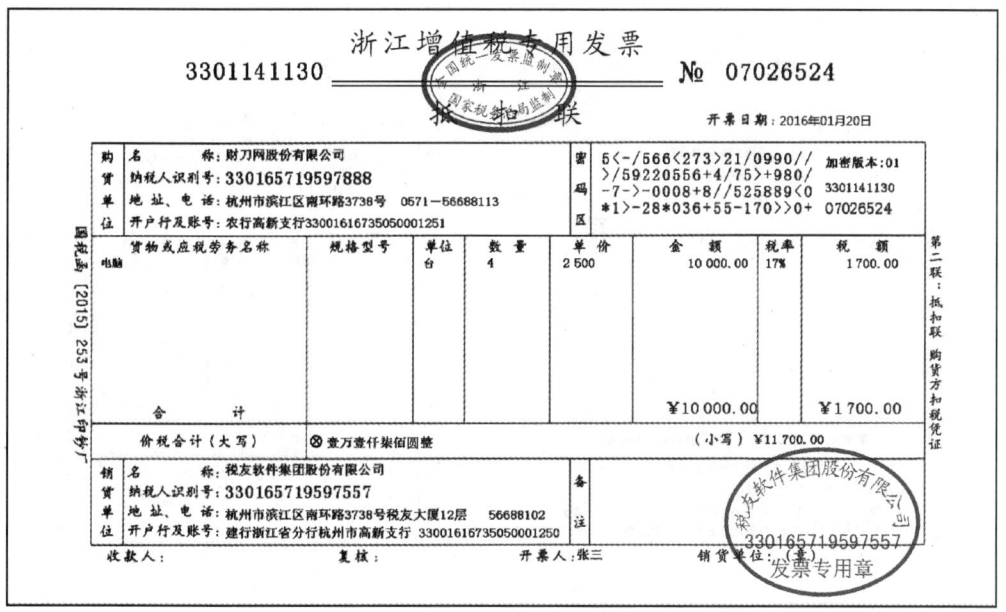

图2-7 增值税专用发票(7)

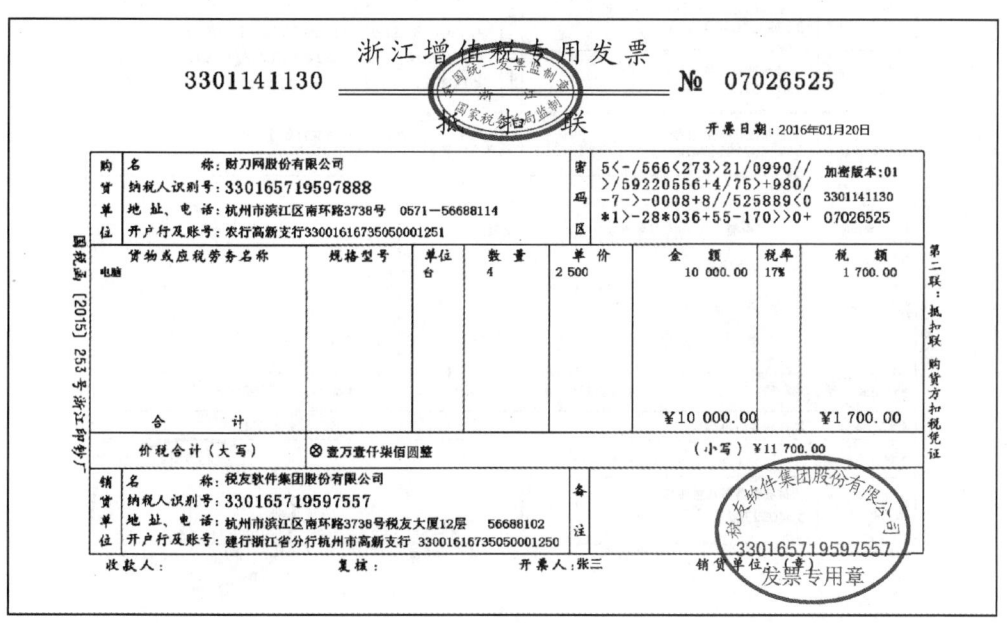

图2-8 增值税专用发票(8)

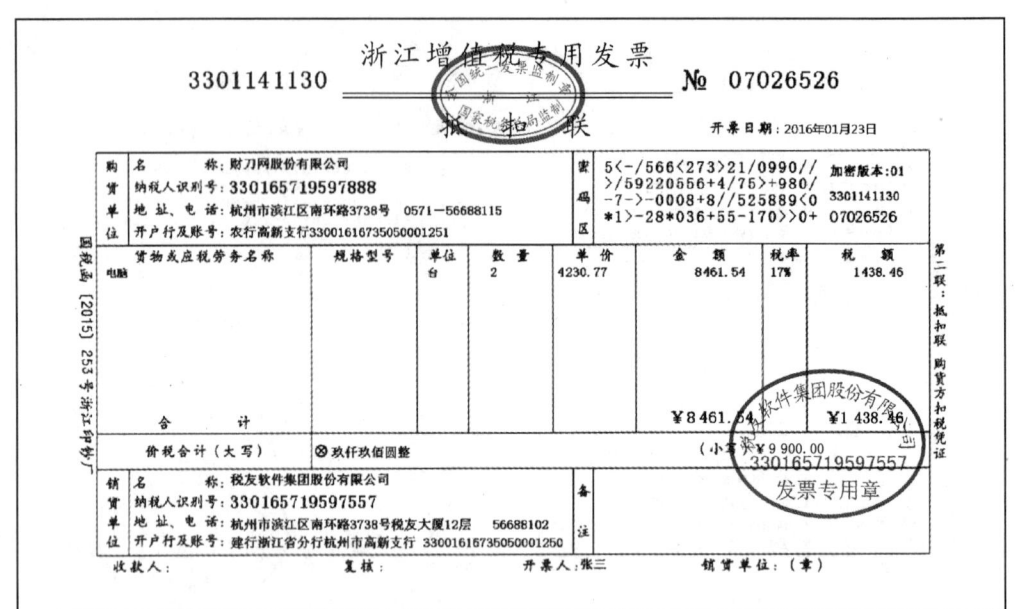

图 2-9 增值税专用发票(9)

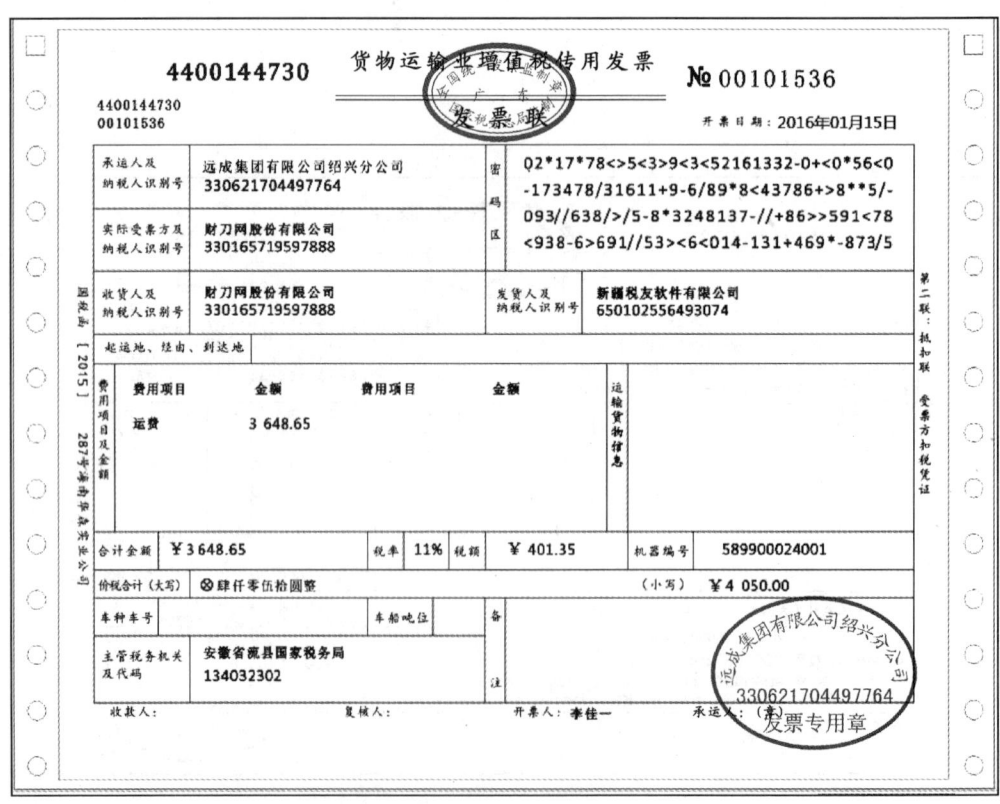

图 2-10 增值税专用发票(10)

资料三　其他申报资料

2016 年 01 月份,公司采购业务(发票未经认证)以及其他销售业务资料如下。

(1) 01 月 03 日,销售给杭州龙生科技有限公司(税号 330100584524570)商品一批,发票如图 2-11 所示。

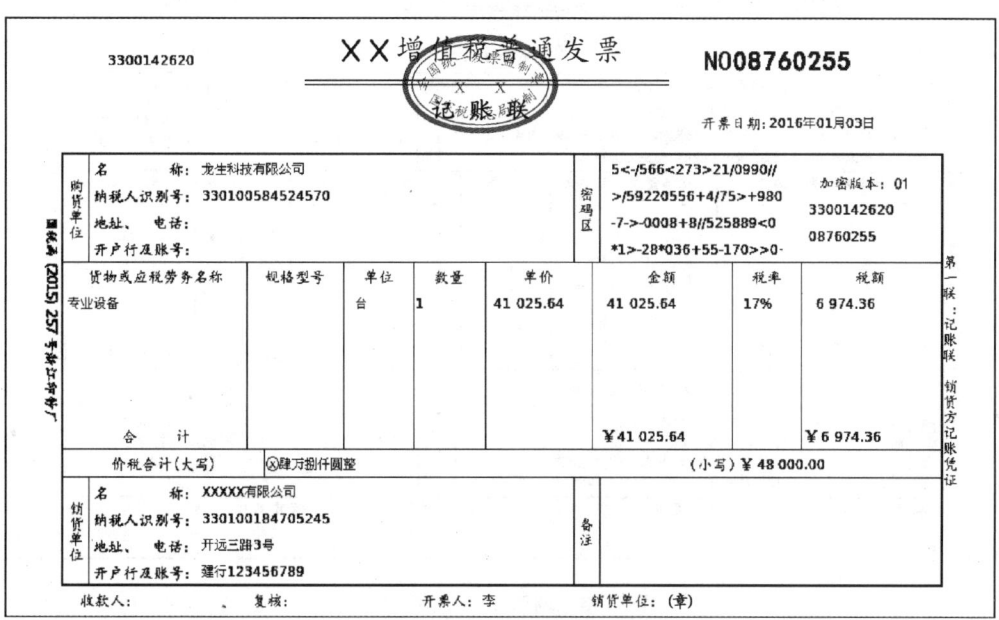

图 2-11　增值税普通发票(1)

(2) 01 月 07 日,销售给杭州文化创意有限公司(税号 330100584555556)商品一批,发票如图 2-12 所示。

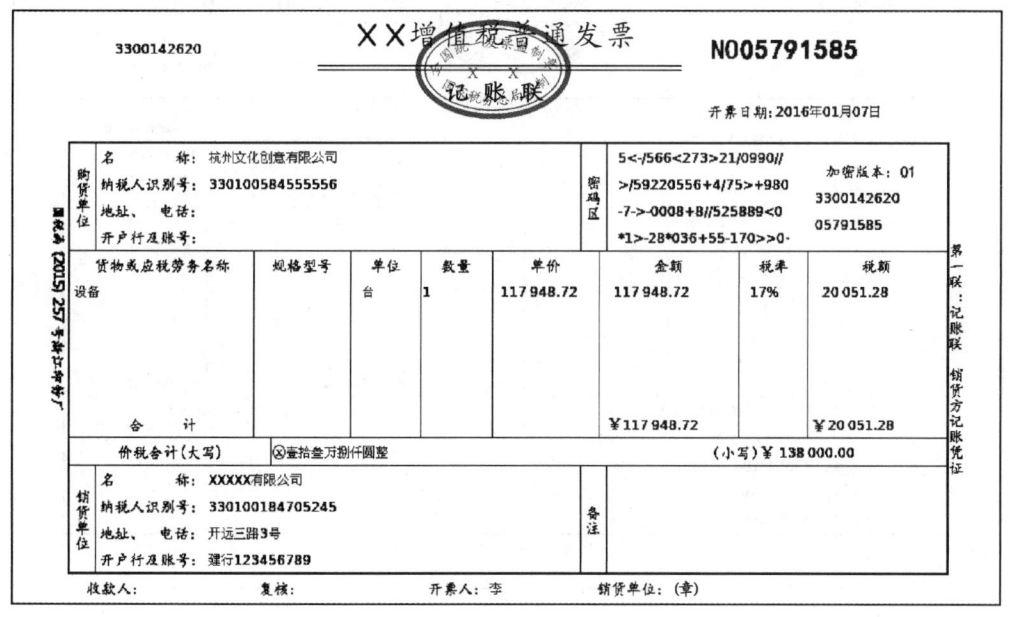

图 2-12　增值税普通发票(2)

（3）01 月 11 日,公司购入饮水机一台,款项已付,发票已收,如图 2-13 所示。（未进行认证）

「税务」
系列教材 Xilie Jiaocai
Shuiwu

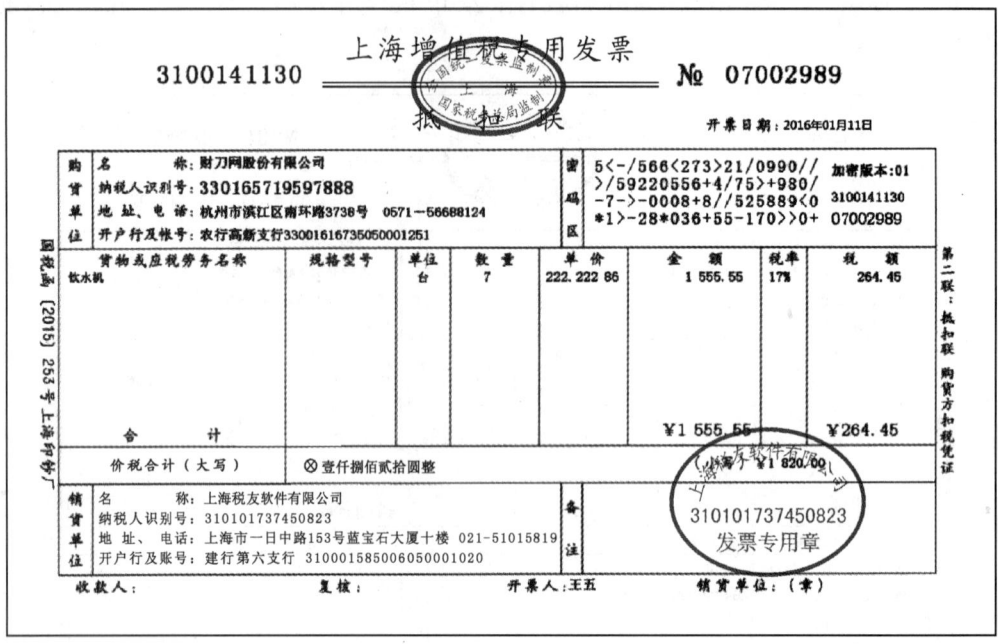

图 2-13　增值税专用发票(11)

（4）01 月 15 日,销售给杭州文化创意有限公司(税号 330100584555556)商品一批,发票如图 2-14 所示。

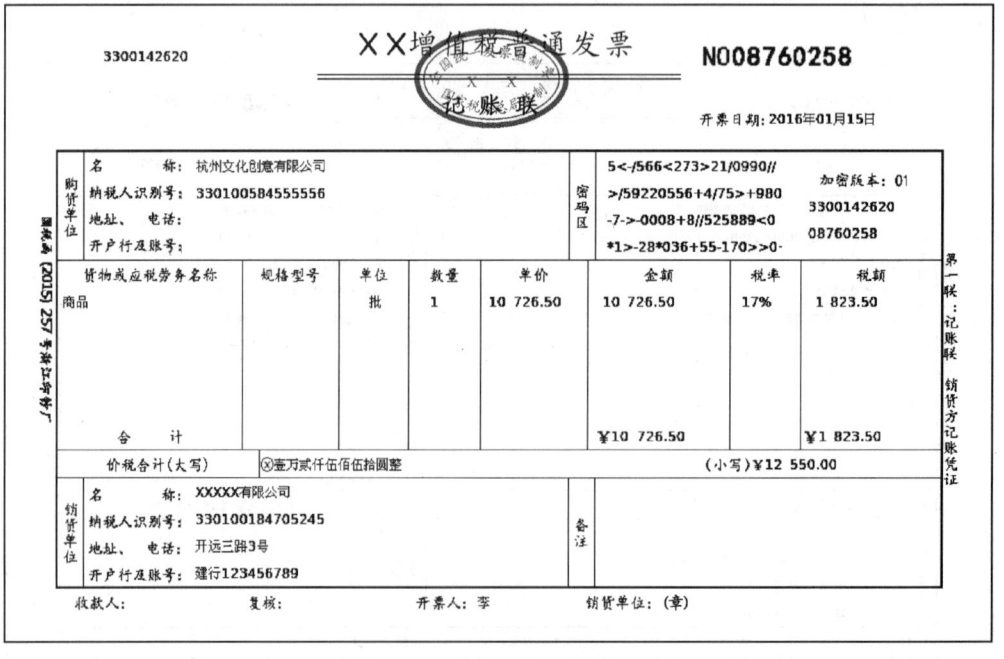

图 2-14　增值税普通发票(3)

(5) 01 月 15 日,销售给 ABC 有限公司(税号 330100584555555)商品一批,支付运输费用 1 920 元,取得运输业增值税专用发票,发票如图 2-15 和图 2-16 所示。(运输发票未进行认证)

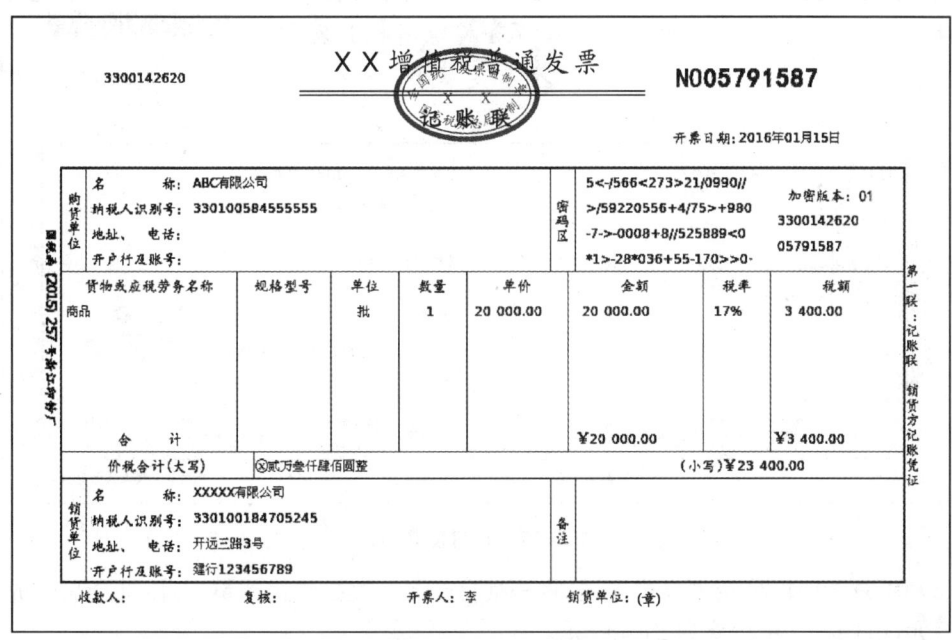

图 2-15　增值税普通发票(4)

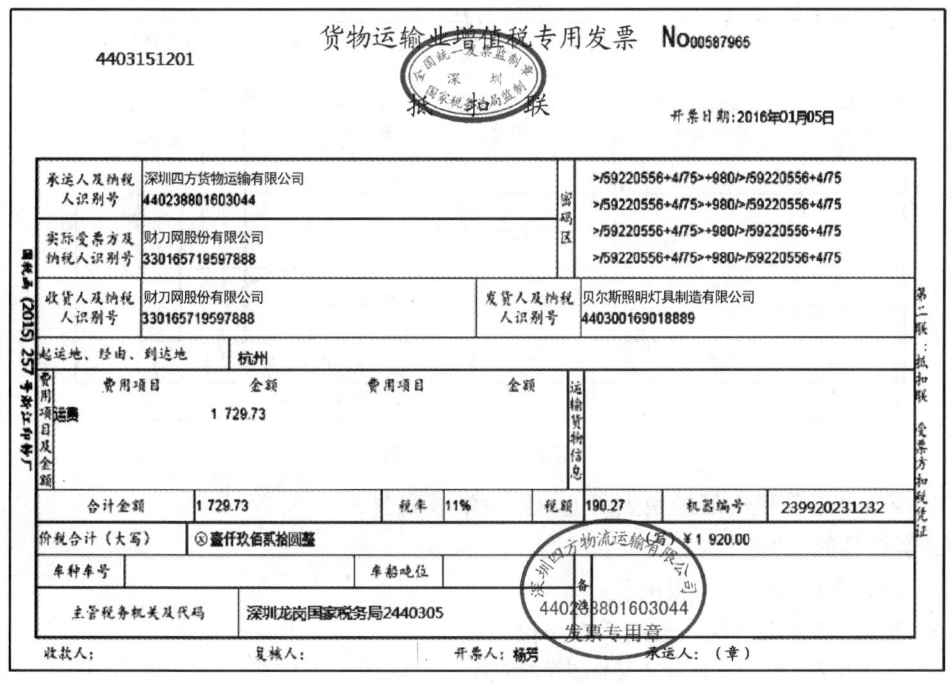

图 2-16　增值税专用发票(12)

(6) 01 月 28 日,公司盘点时发现购入的原材料盘亏 40 000 元,其中被盗材料账面金额 38 420 元,自然损耗 1 580 元。

(7) 01 月 30 日,向小规模纳税人购买商品一批,价税合计金额为 18 000 元,已验收入库,款项已付,发票已取得,如图 2-17 所示。

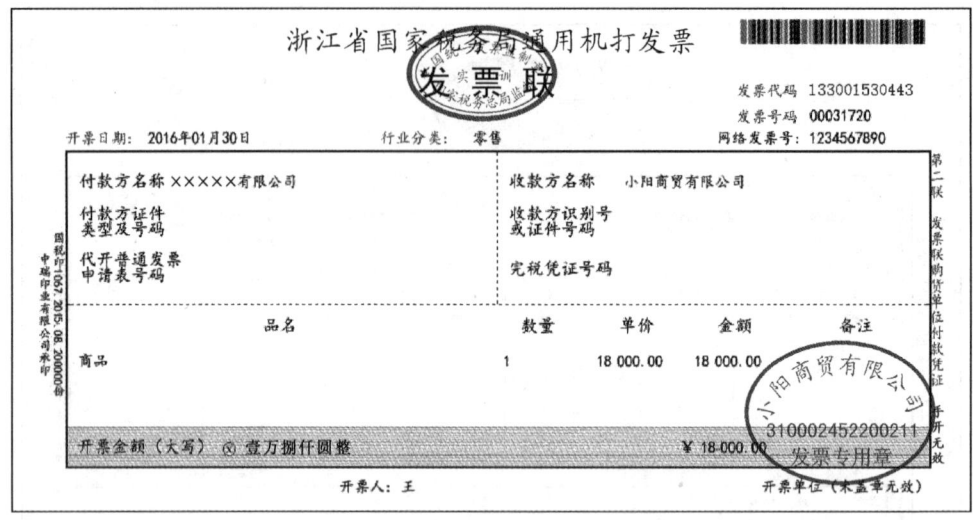

图 2-17 机打发票(1)

(8) 01 月 30 日,公司为表彰先进,将一批自产产品奖励给优秀员工,该批产品的成本为 12 500 元,市场不含税价格为 21 000 元。

(9) 01 月 31 日,销售商品一批,现金收到货款 12 000 元,收款收据如图 2-18 所示。

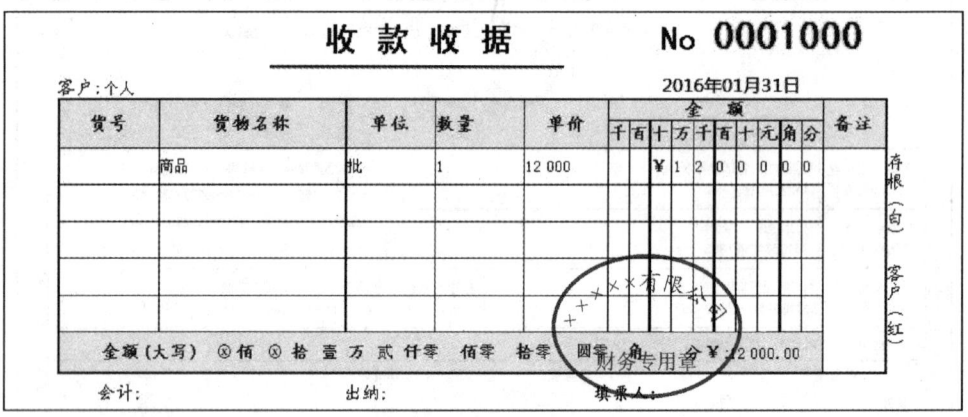

图 2-18 收款收据

二、V 3.0 增值税一般纳税人网上申报教学版案例 2

1. 实训目的

(1) 熟悉增值税纳税申报流程。

(2) 熟悉、掌握增值税一般纳税人申报原理。

(3) 掌握增值税纳税申报表及附表的填制。

(4) 熟悉、掌握《中华人民共和国增值税法》及其实施细则的基本原理。

2. 实训程序

(1) 发票数据采集。

（2）填写附表资料。

（3）增值税纳税申报主表填写。

（4）申报查询、系统评分，提交实训报告。

3. 实训资料

1）企业基本资料。

企业名称: 贝尔斯照明灯具制造有限公司

法人代表: 张云胜

企业地址: 深圳市宝安区西乡街 328 号

联系电话: 0755－25941111

纳税人识别号: 440300169018889

经营范围: 主营各类家用节能灯产品、商家灯具产品、景观灯笼产品的加工生产，兼营灯具各类配件，提供运输服务

注册资金: 陆佰万元(600 万元)

注册时间: 2016 年 2 月 1 日

行业性质: 加工制造业

开户银行: 徽商银行松岗支行 1506080988830290

开户行账户: 1506080988830290

税务登记: 核定为一般纳税人

2）2 月份主要业务。

（1）2016 年 2 月 4 日，从山东峄城灯笼材料有限公司购入材料一批，所购原材料已验收入库，款项通过银行存款划转。发票如图 2-19、图 2-20 和图 2-21 所示。

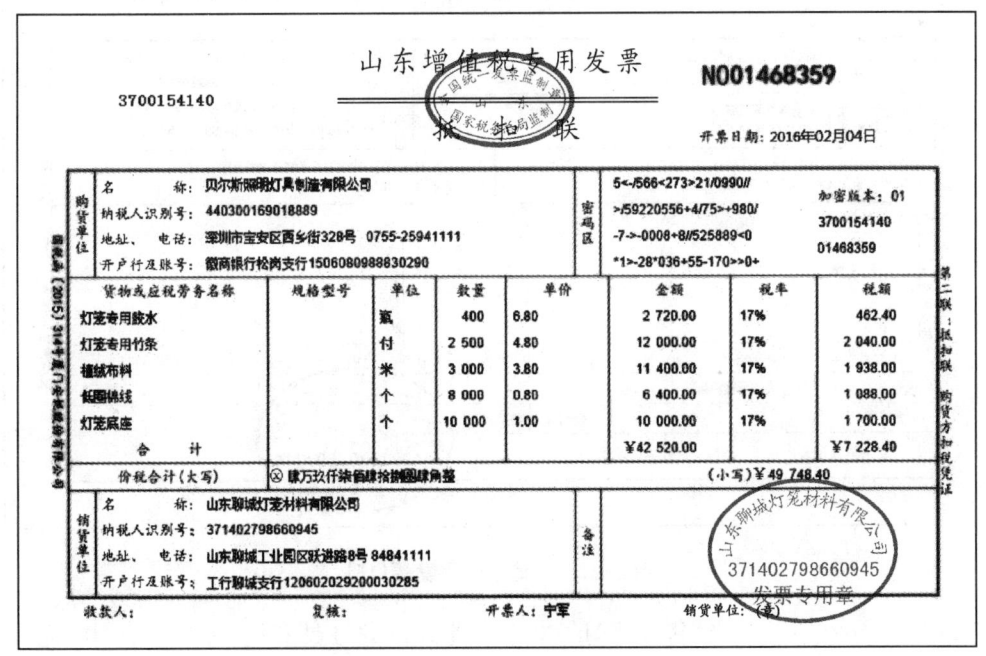

图 2-19 增值税专用发票(13)

图 2-20 增值税专用发票(14)

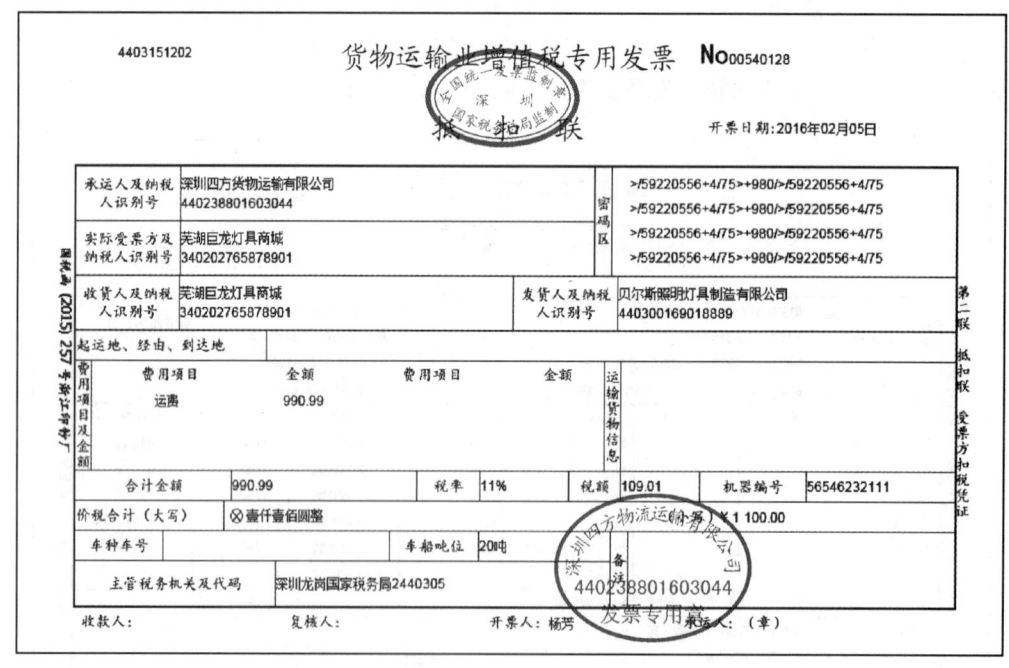

图 2-21 增值税专用发票(15)

(2) 2016 年 2 月 5 日,销售投光灯 200 个给芜湖巨龙灯具商场,每个单价 300 元,价款 60 000元,增值税销项税额 10 200 元。发生运费 1 100 元,由贝尔斯照明灯具制造有限公司承担,以转账支票支付。货已发出,税票已开,如图 2-22 所示,并向银行办理了托收承付手续。

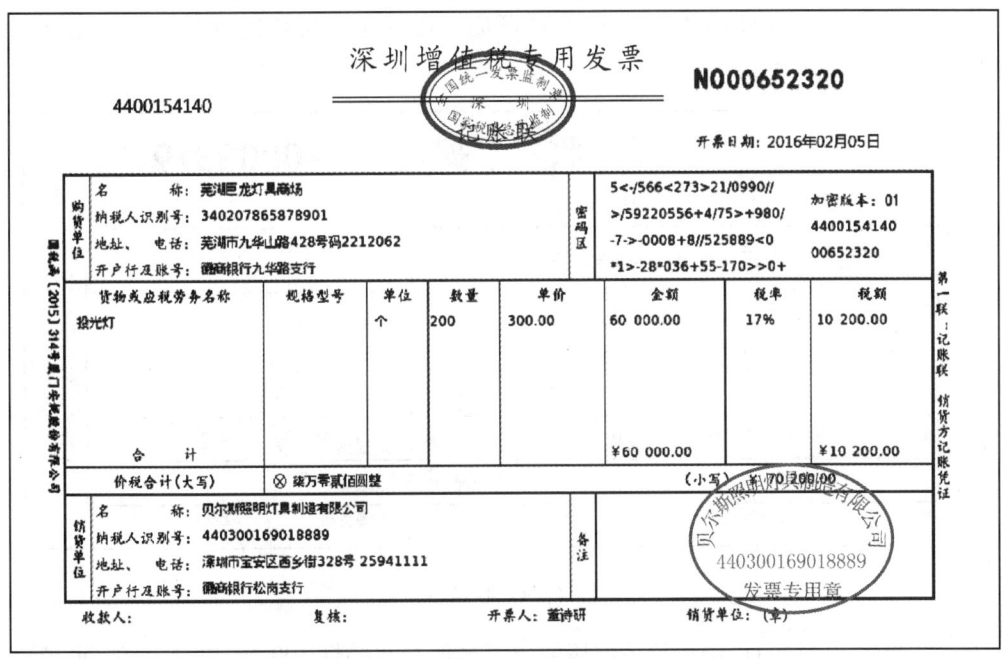

图 2-22 增值税专用发票(16)

(3) 2016 年 2 月 5 日,从四川好明亮灯具配件有限公司购入玻璃 50 000 千克,单价 2.8 元;涂料 1 500 升,单价 21 元;塑料 45 000 千克,单价 3.2 元;增值税税率 17%,货款为 315 500 元,税款为 53 635 元。以上原材料已验收入库。发票如图 2-23 所示。

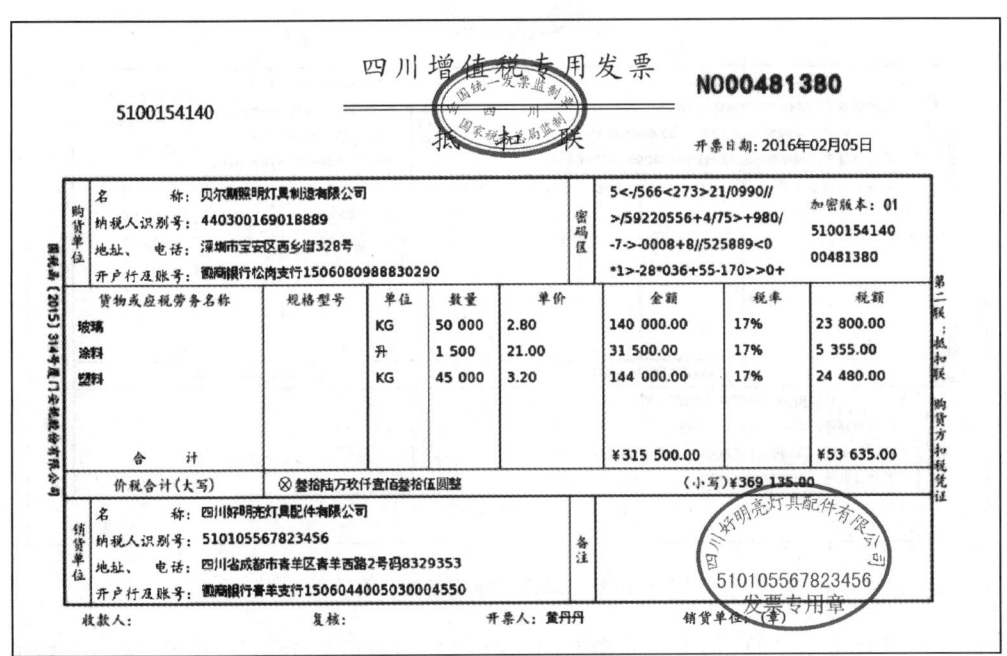

图 2-23 增值税专用发票(17)

（4）2016年2月5日，出售给个体户许珊珊报废的生产边角钢材余料150元，现金收取，收据如图2-24所示。

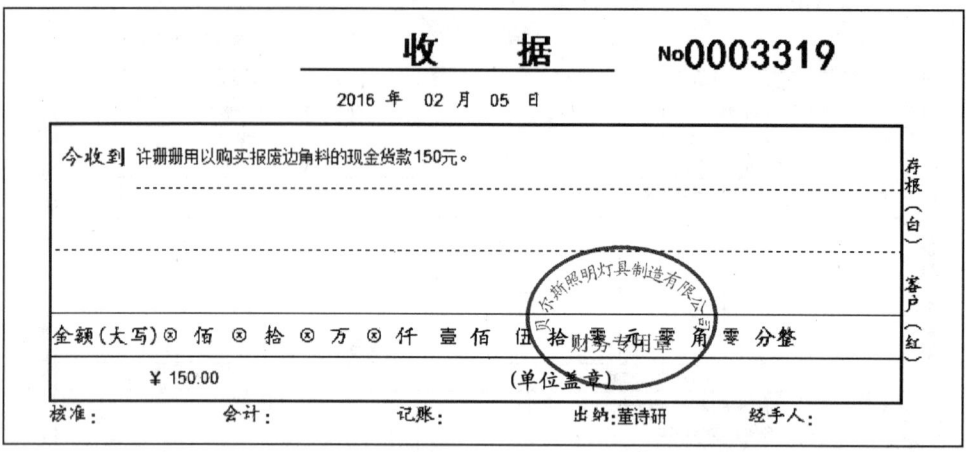

收据 No.0003319

2016 年 02 月 05 日

今收到 许珊珊用以购买报废边角料的现金货款150元。

金额（大写）⊗佰 ⊗拾 ⊗万 ⊗仟 壹佰 伍拾 ⊗元 ⊗角 ⊗分整

￥150.00

（单位盖章）

核准： 会计： 记账： 出纳：董诗研 经手人：

存根（白） 客户（红）

图 2-24 收据(1)

（5）2016年2月6日，销售给芜湖康源美家居商场水晶灯100个，单价1500元；景观灯100个，单价200元；增值税税率17%。双方当初签订合同规定：付款条件为"2/10、1/20、n/30"；货已发出且开出增值税发票，如图2-25所示。货款尚未收到。

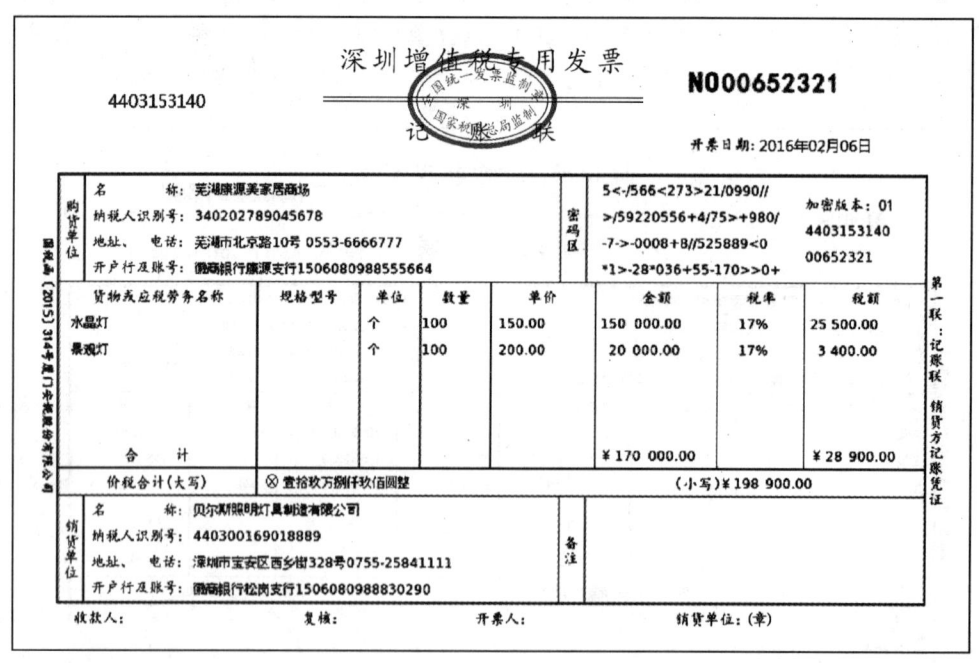

图 2-25 增值税专用发票(18)

（6）2016年2月7日，销售给安徽铁路（集团）公司隧道灯150个，单价580元，增值税税率17%，货已发出且开具增值税发票，如图2-26所示。销售当日收到广州铁路（集团）公司开出并承兑的面值101790元的银行承兑汇票，汇票期限6个月，票面利率6%。

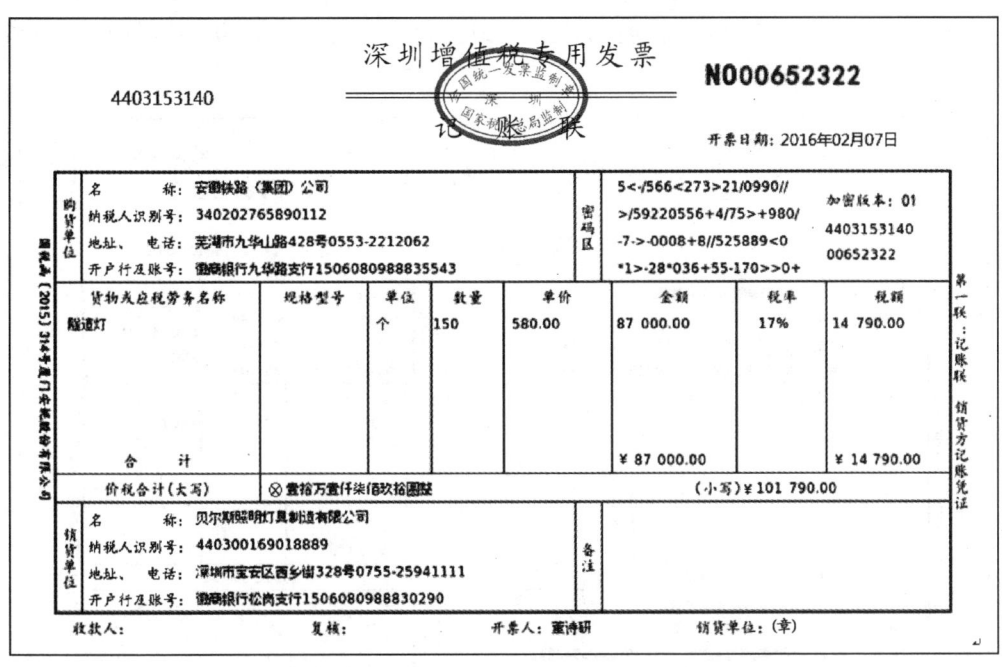

图 2-26　增值税专用发票(19)

(7) 2016 年 2 月 9 日,从马鞍山玉龙金属材料有限公司购入铜材料 28 吨,单价 1 650 元/吨;钢材料 10 吨,单价 1 850 元/吨;增值税税率 17%,所列材料价款 64 700 元,增值税额为 10 999.00 元,验收入库。货款通过银行转账支付。发票如图 2-27 所示。

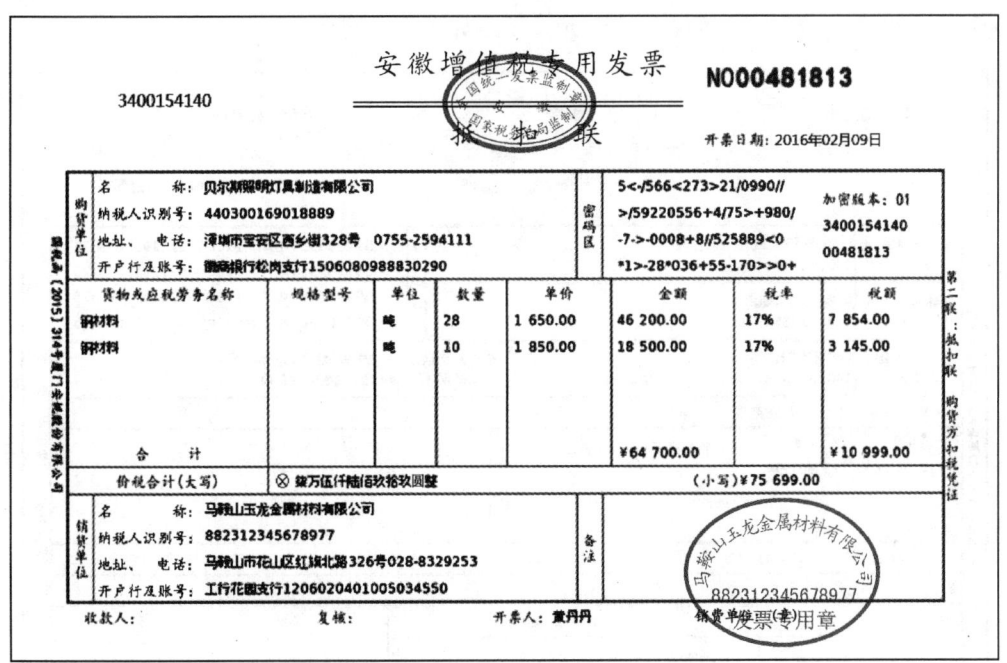

图 2-27　增值税专用发票(20)

（8）2016年2月9日，总经理张云胜报销支付的广告费10 000元，从总经理借款中抵销。发票如图2-28所示。

税务

Shuiwu

系列教材

Xilie Jiaocai

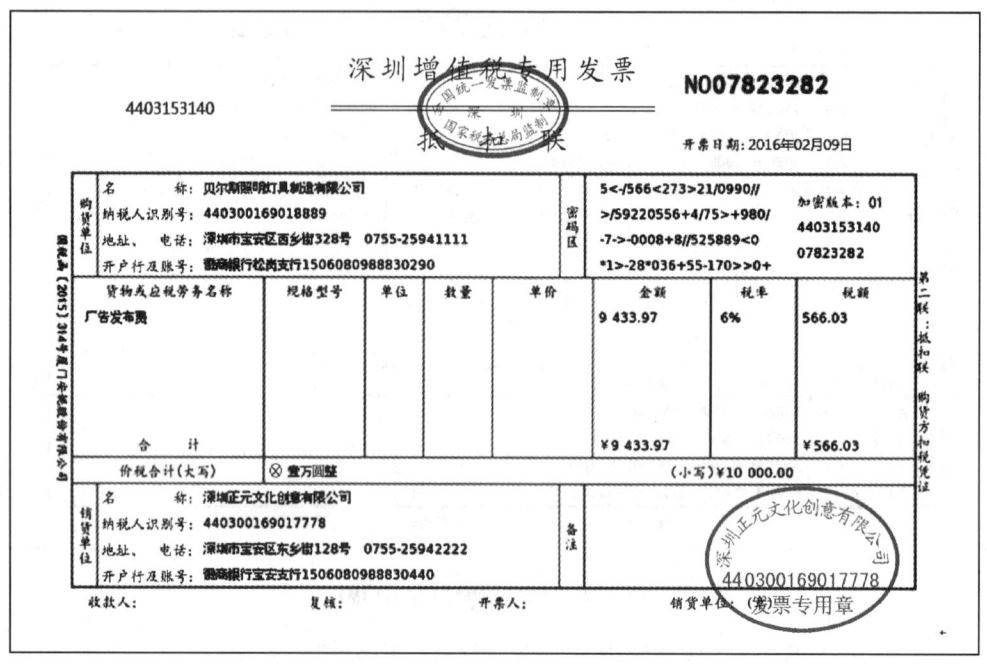

图 2-28　增值税专用发票(21)

（9）2016年2月11日，对外提供运输劳务收入18 018.02元，增值税税率11%，增值税额为1 981.98元，收到银行存款20 000元。发票如图2-29所示。

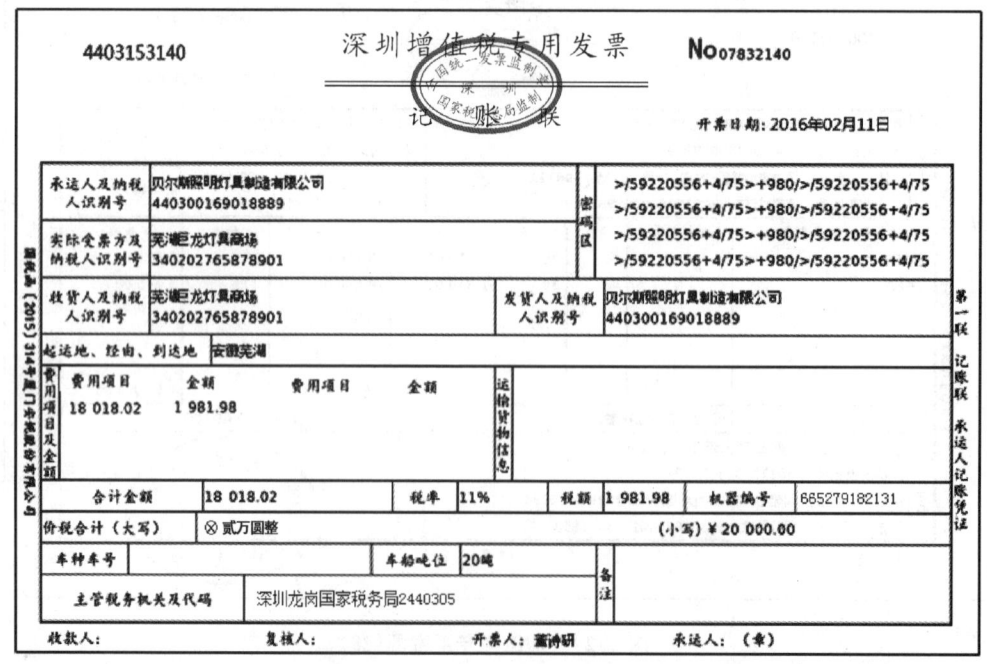

图 2-29　增值税专用发票(22)

（10）2016 年 2 月 13 日,向珠海市金太阳灯饰有限公司销售吸顶灯 65 只,每只售价 346 元;投光灯 85 只,每只售价 185 元;以上共计价款 38 215 元,增值税销项税额 6 496.55 元,同时通过网上银行垫付运费 850 元,产品已发出,增值税发票已开,如图 2-30 所示。并向银行办理了托收承付手续。

图 2-30　增值税专用发票(23)

（11）2016 年 2 月 13 日,开给海南振鑫灯具批发商场增值税发票,如图 2-31 所示。货已发出,货款已于 2016 年 2 月 2 日支付。其中投光灯 150 只,单价 495 元;庭院灯 160 只,单价 308 元;吸顶灯 165 只,单价 350 元;路灯 115 只,单价 95 元;所列价款 192 205 元,所列增值税税款 32 674.85 元。

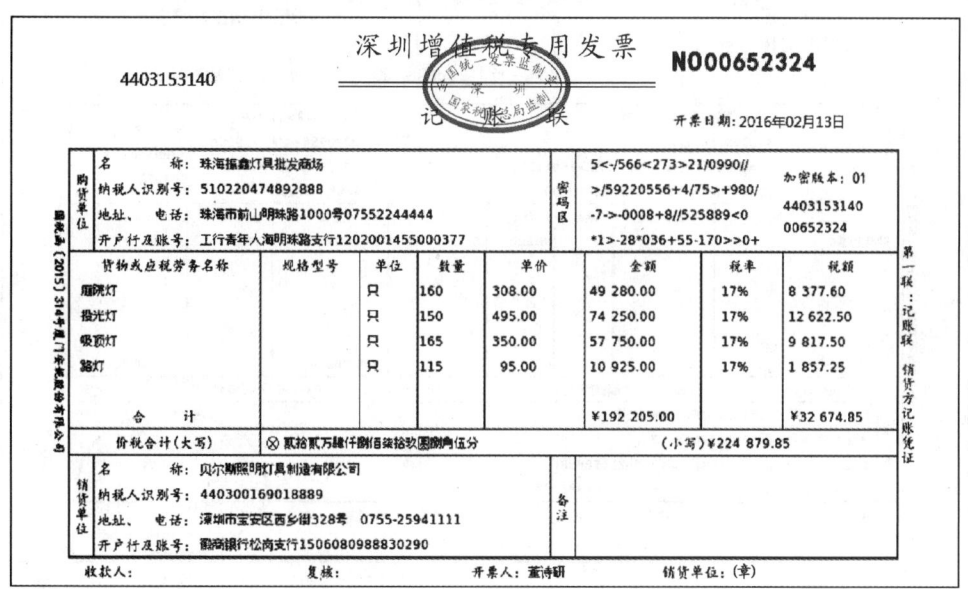

图 2-31　增值税专用发票(24)

（12）2016 年 2 月 14 日,向四川好明亮灯具配件有限公司购入铝材料 20 吨,每吨 6 000 元,增值税发票列明价款 120 000 元和税款 20 400 元,如图 2-32 所示。货已验收入库,此款项通过背书转让 13 日上海人民会堂交来的汇票结算,剩余款项未支付。

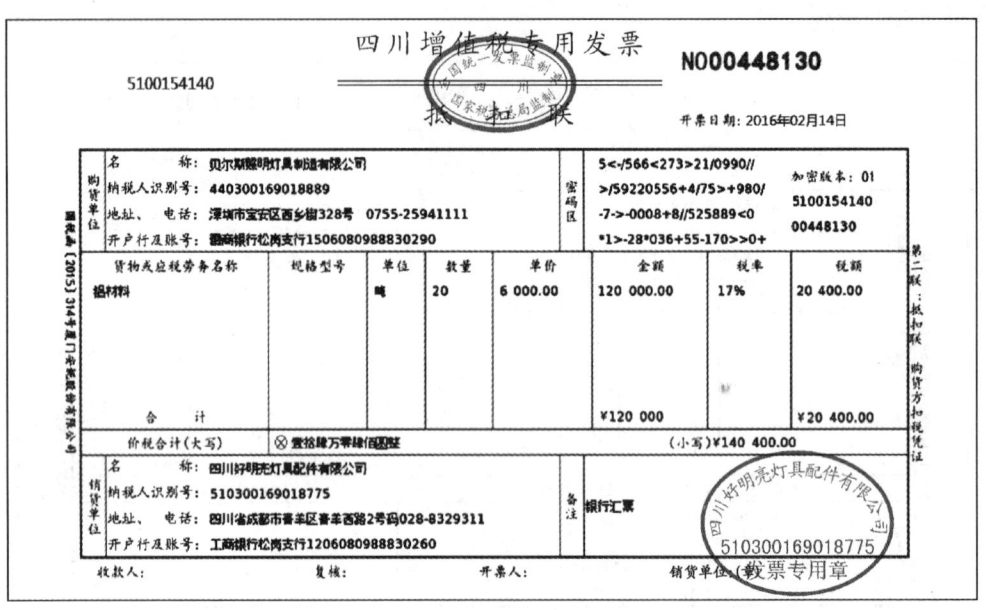

图 2-32　增值税专用发票(25)

（13）2016 年 2 月 16 日,采购员出差归来,向公司交来增值税发票一张,如图 2-33 所示。发票上列明从南京易亮照明灯具科技有限公司购入塑料包装物 6 500 只,价款 39 000 元,增值税额 6 630 元,于本月 13 日申请签发银行汇票 48 000 元结算,实际结算金额为 45 630 元,货已验收入库。

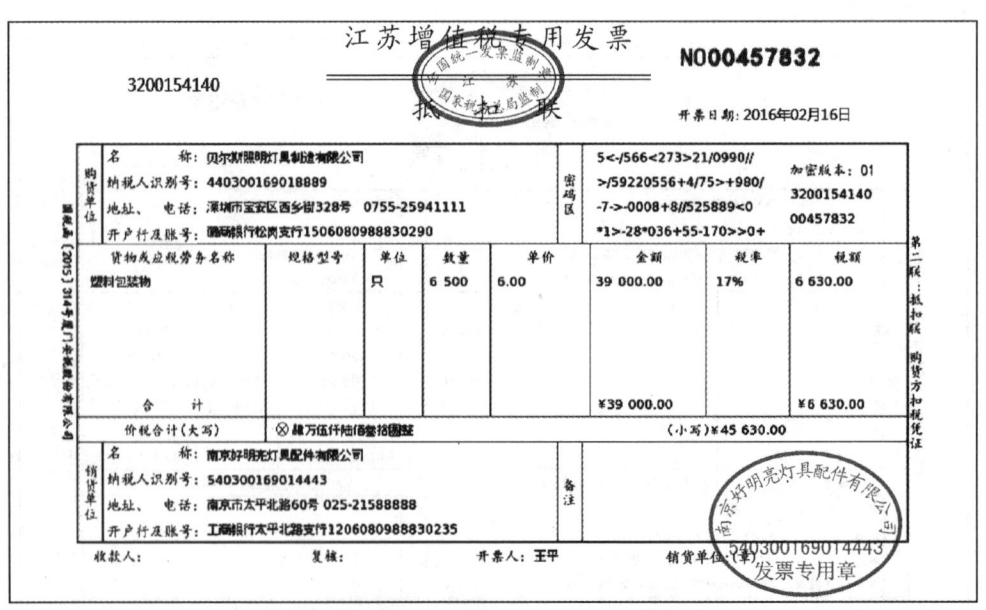

图 2-33　增值税专用发票(26)

(14) 2016 年 2 月 17 日,生产部马俞斌报销 16 日发生的设备维修费 1 085 元,出纳以现金付讫。发票如图 2-34 所示。

图 2-34　增值税专用发票(27)

(15) 2016 年 2 月 19 日,采购员王海燕出差归来,向公司交来增值税发票一张,如图 2-35 所示。发票上列明从浙江金苹果布艺有限公司购入布料 448 米,价款 12 800 元,购入装饰物 300 个,价款 7 650 元,床头灯底座 300 个,价款 9 600 元;以上价款共计 30 050 元,增值税额 5 108.50 元,实际结算金额是 35 158.50 元,货已验收入库。

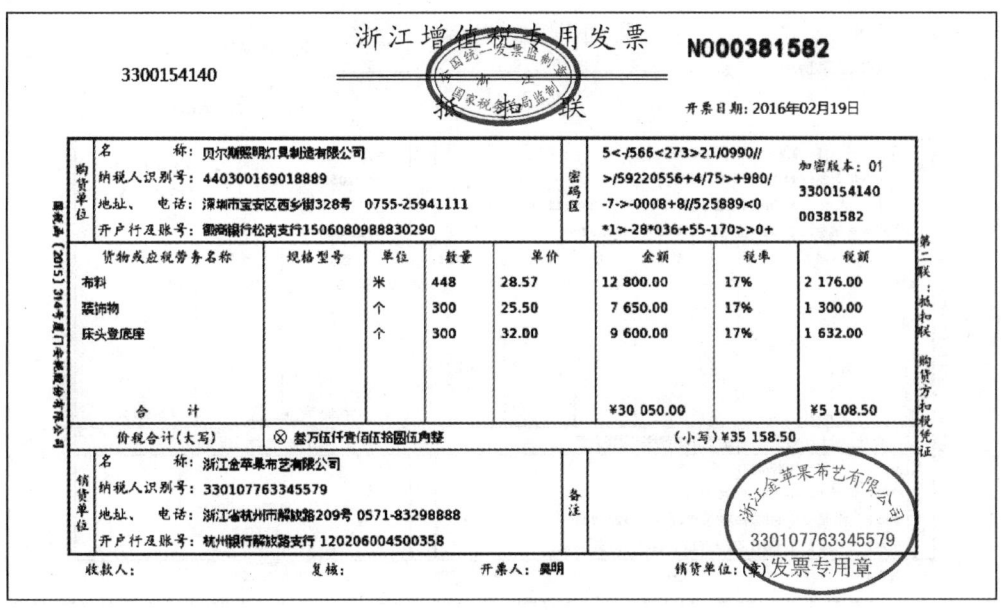

图 2-35　增值税专用发票(28)

（16）2016 年 2 月 19 日，机修车间报销维修配件款，其中生产车间维修的设备配件 1 500 元，管理部门汽车配件 7 800 元。发票如图 2-36 所示。

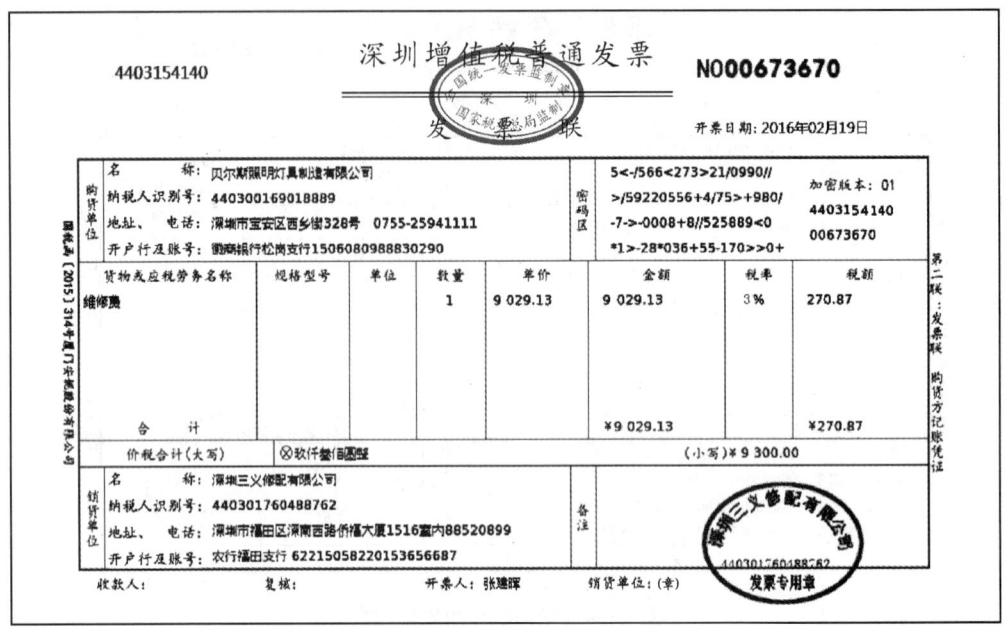

图 2-36 增值税普通发票(5)

（17）2016 年 2 月 19 日，收到水、电费用发票，分别以银行存款支付。发票如图 2-37 和图 2-38 所示。

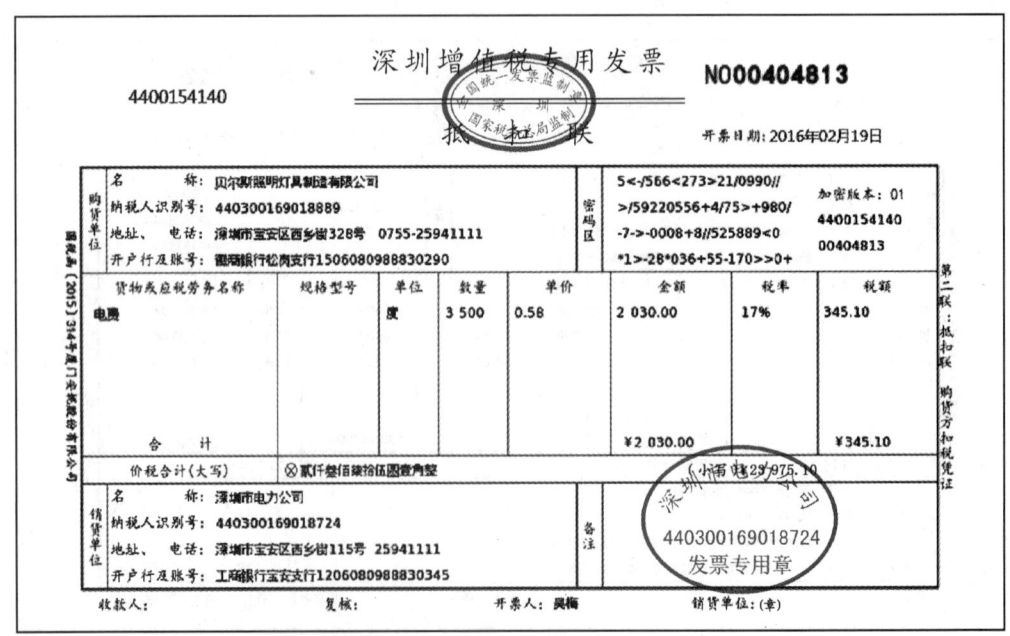

图 2-37 增值税专用发票(29)

税务

Shuiwu

系列教材 Xilie Jiaocai

图 2-38　增值税专用发票(30)

(18) 2016 年 2 月 20 日,销售给芜湖康源美家居商场投光灯 50 只,每只 268 元,水晶灯 70 只,每只 960 元,计价为 80 600 元,增值税税款 13 702 元,已开出增值税专用发票,如图 2-39 所示。货已发出,货款尚未收到。

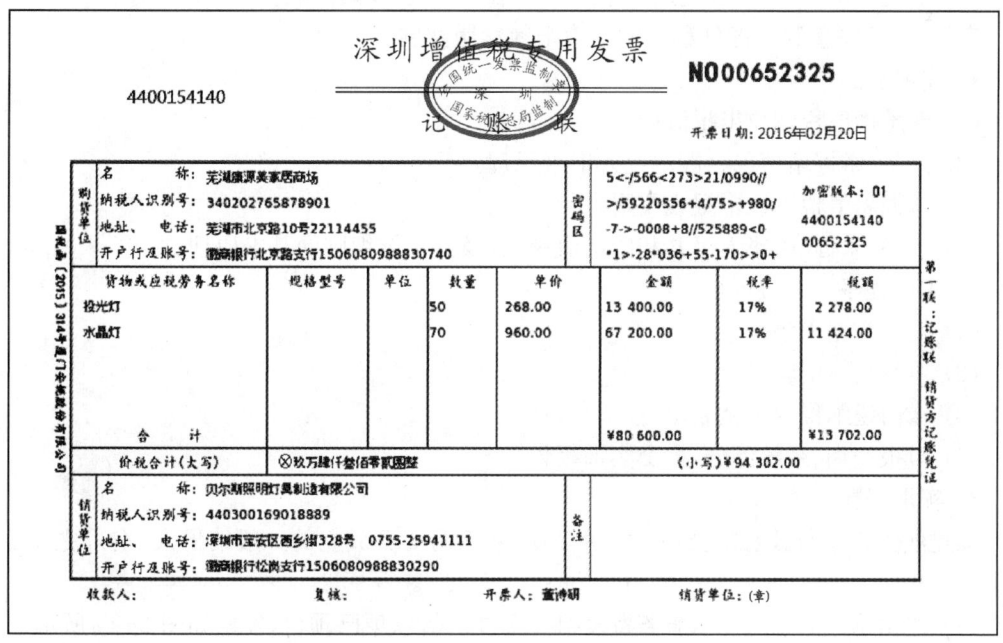

图 2-39　增值税专用发票(31)

（19）2016 年 2 月 25 日,以自产景观灯 2 000 只对深圳鸿泰商场投资,经确认投资金额按公允价值 1 755 000 元(含税金额)进行计价,增值税税率 17％。出库单如图 2-40 所示。

出库单　　　　　 **No 20111602**

会计部门编号							
仓库部门编号 02			2016 年02 月25 日				
编号	名称	规格	单位	出库数量	单价	金额	备注
	景观灯			2 000.00	700.00	1 400 000.00	
合 计							
生产车间或部门:				仓库管理员:吴明			

第二联　交财务部

图 2-40　出库单(1)

4. 报告提交

实训操作完成后,进入评分系统选择相对应的案例进行系统评分,将实训报告封面及各报表以此打印,主要的申报表打印程序如下:

（1）进行系统评分后打印实训报告封面。

（2）增值税纳税申报表(适用于增值税一般纳税人)及其附表。

三、V 3.0 增值税一般纳税人网上申报教学版案例 3

1. 实训目的

（1）熟悉增值税纳税申报流程。

（2）熟悉、掌握增值税一般纳税人申报原理。

（3）掌握增值税纳税申报表及附表的填制。

（4）熟悉、掌握《中华人民共和国增值税法》及其实施细则的基本原理。

2. 实训程序

（1）发票数据采集。

（2）填写附表资料。

（3）增值税纳税申报主表填写。

（4）申报查询、系统评分,提交实训报告。

3. 实训资料

福建航天信息科技有限公司企业为 2016 年 3 月 1 日成立的一般纳税人,本月主要业务如下。

（1）收到航天信息的技术服务费发票 407.00 元,款项已预付,发票如图 2-41 所示。

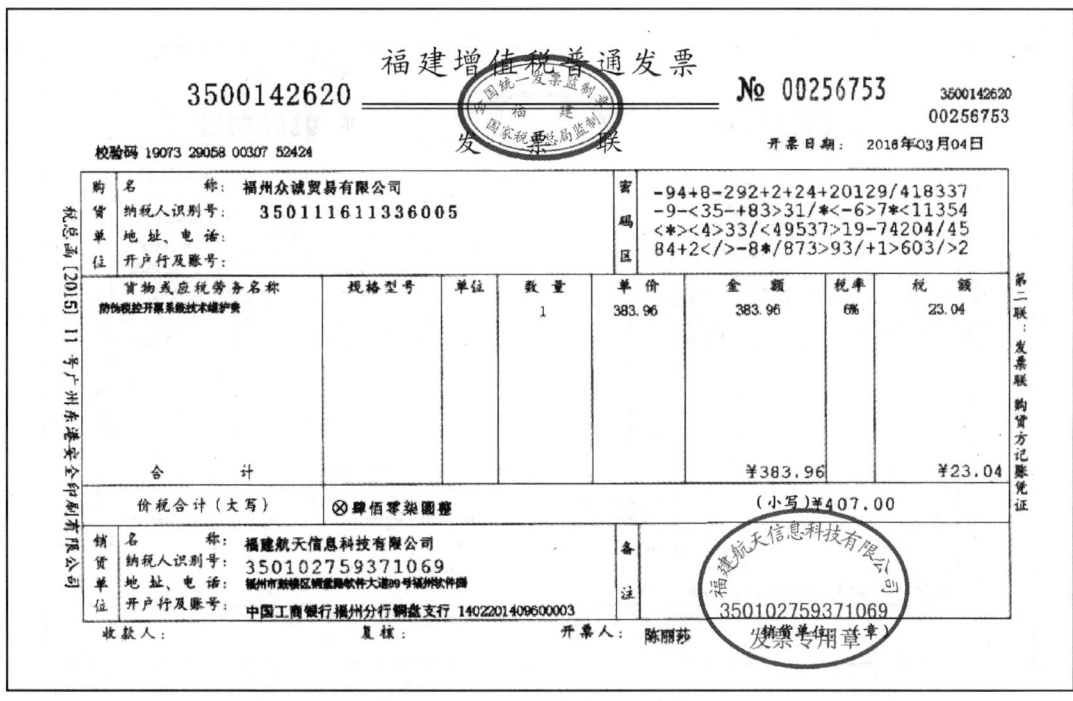

图 2-41　增值税专用发票(32)

(2) 赊销个人打印机一批,金额为 191 500.00 元,个人不要发票,送货单如图 2-42 所示。

众诚送货单

客户名称:　个人　　　　　　　　　　　2016年03月10日

名称	规格	单位	数量	单价	金额	备注
打印机	5860SP	台	33	4 500	148 500.00	
打印机	5860SP+	台	10	4 300	43 000.00	

合计金额:壹拾玖万壹仟伍佰零拾零元零角零分　　　￥191 500.00

收货人:　　　　保管员:　　　　　制表:林芳

图 2-42　送货单(1)

(3) 赊销给泉州市海洋电脑科技有限公司打印机一批,金额为 138 800.00 元,发票如图 2-43 所示。

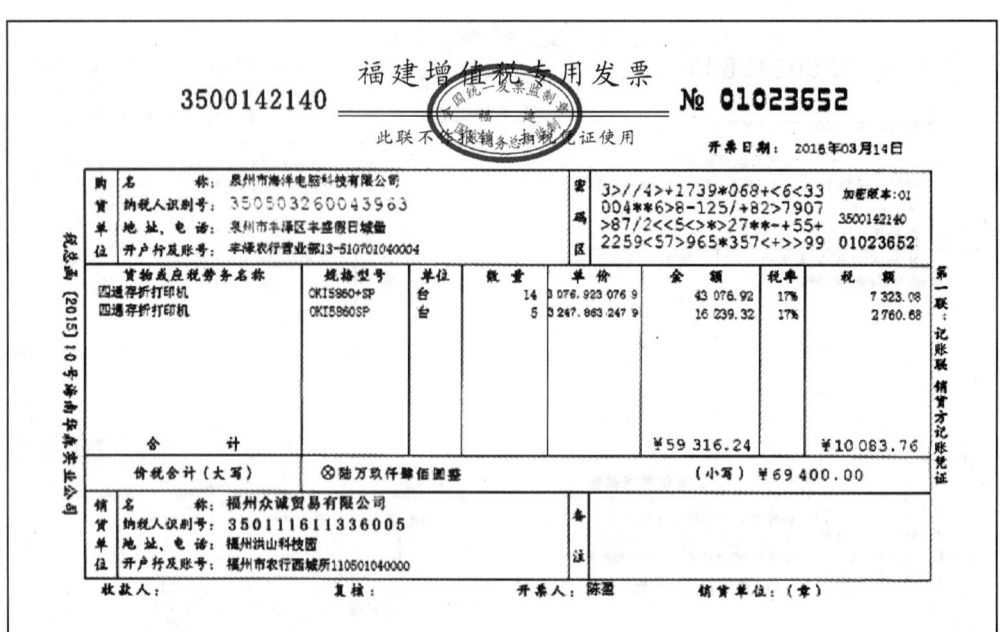

图 2-43　增值税专用发票(33)

（4）购入办公用的电脑 20 台，金额为 97 000.00 元，发票如图 2-44 所示。

图 2-44　增值税专用发票(34)

（5）购入打印机一批，价税合计金额为 510 000 元，款项未付，发票如图 2-45 所示。

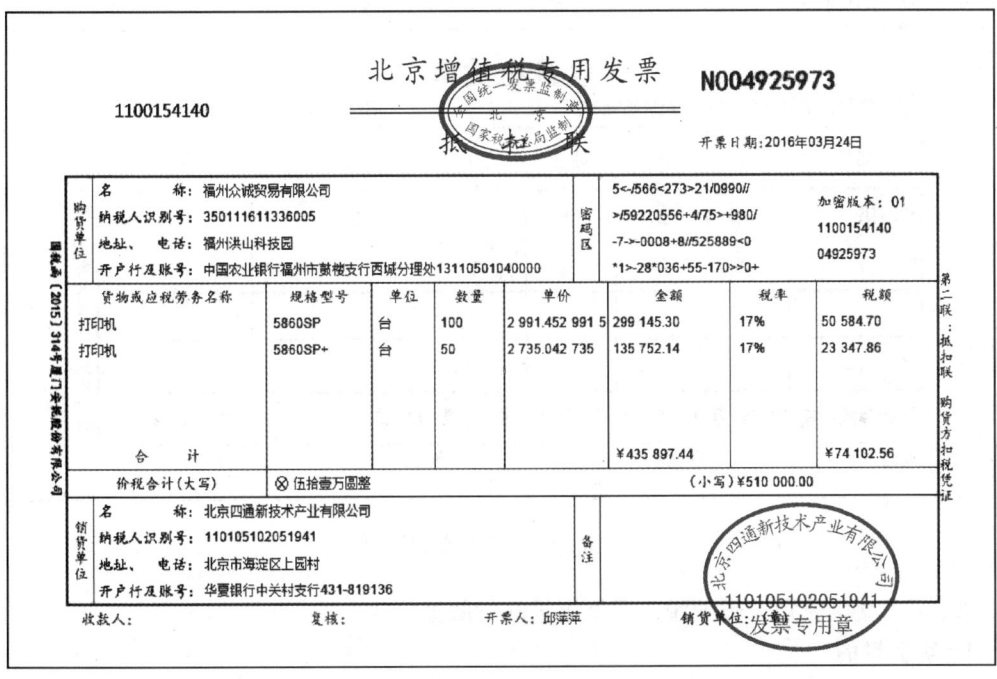

图 2-45　增值税专用发票(35)

（6）收到福州德利物流有限公司的运费发票 1 000.00 元，款项未付，发票如图 2-46 所示。

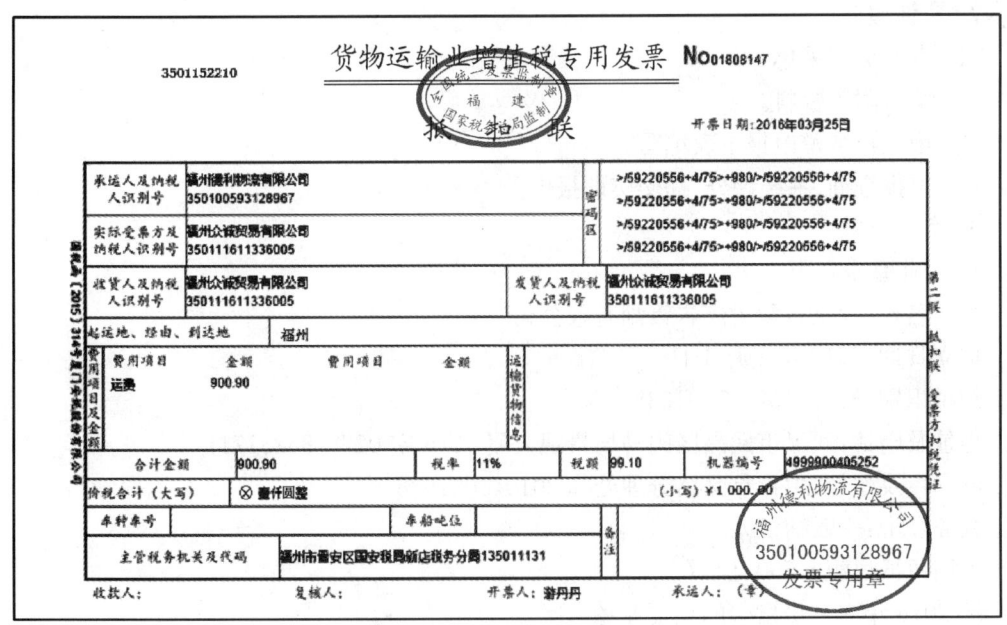

图 2-46　增值税专用发票(36)

(7) 赊销给福州晋安区燕新贸易商行打印机一批,金额为 225 600.00 元。福州晋安区燕新贸易商行为个体户,不要发票,送货单如图 2-47 所示。

众诚送货单

客户名称:福州市晋安区燕新贸易商行　　　　2016年03月28日

名称	规格	单位	数量	单价	金额	备注
打印机	5860SP	台	45	4 000	180 000.00	
打印机	5860SP+	台	12	3 800	45 600.00	
合计金额:贰拾贰万伍仟陆佰零拾零元零角零分					￥225 600.00	

收货人:　　　保管员:　　　　　　　　制表:林芳

一联存根　二联收货人　三联记账

图 2-47　送货单(2)

四、V 3.0 增值税一般纳税人网上申报教学版案例 4

1. 实训目的

(1) 熟悉增值税纳税申报流程。

(2) 熟悉、掌握增值税一般纳税人申报原理。

(3) 掌握增值税纳税申报表及附表的填制。

(4) 熟悉、掌握《中华人民共和国增值税法》及其实施细则的基本原理。

2. 实训程序

(1) 发票数据采集。

(2) 填写附表资料。

(3) 增值税纳税申报主表填写。

(4) 申报查询、系统评分,提交实训报告。

3. 实训资料

1) 企业基本资料。

公司名称:武汉智慧树广告策划有限公司

成立日期:2016 年 1 月 1 日

纳税识别号:420102767991338

地址及电话:武汉市武昌区阅马场景观大厦 1216 室 027 - 85287711

开户行及账号:中行首义路分理处 83301040001688

税务登记:一般纳税人

上期留抵税额 5 600.12 元。

2) 2016 年 3 月份发生的主要业务。

(1) 向武汉中新管理有限公司开具含税价为 300 000 元的增值税专用发票一张,为应收的广告展板喷绘款,如图 2-48 所示。

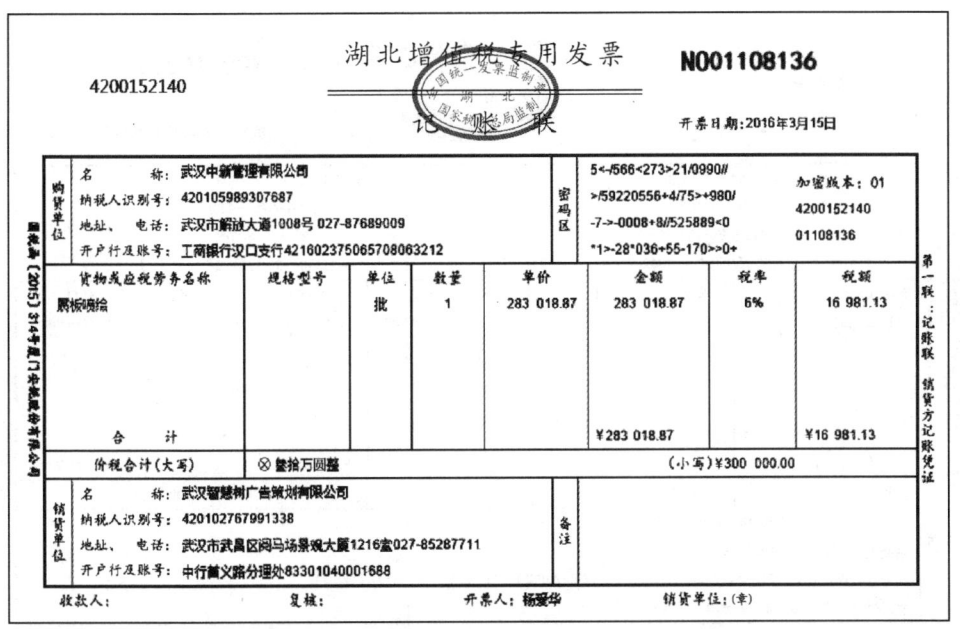

图 2-48　增值税专用发票(37)

（2）以转账支票支付湖北电视台 2016 年 1 月至 2016 年 3 月广告发布费 240 000 元，取得电视台开具的增值税专用发票，如图 2-49 所示。

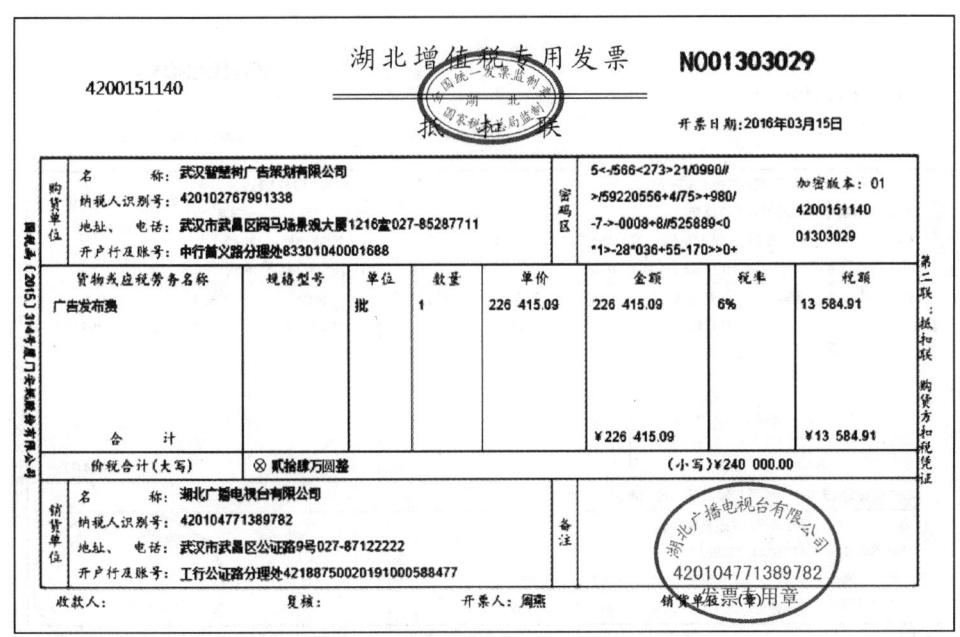

图 2-49　增值税专用发票(38)

（3）向武汉中新管理有限公司结算应收电视广告费 260 000 元，款未收，发票如图 2-50 所示。

图 2-50 增值税专用发票(39)

(4) 以银行存款购买原材料 22 464 元,发票如图 2-51 所示。

图 2-51 增值税专用发票(40)

(5) 收到武汉万源建筑工程公司开具的金额为 14 000 元的转账支票一张,系付武汉智

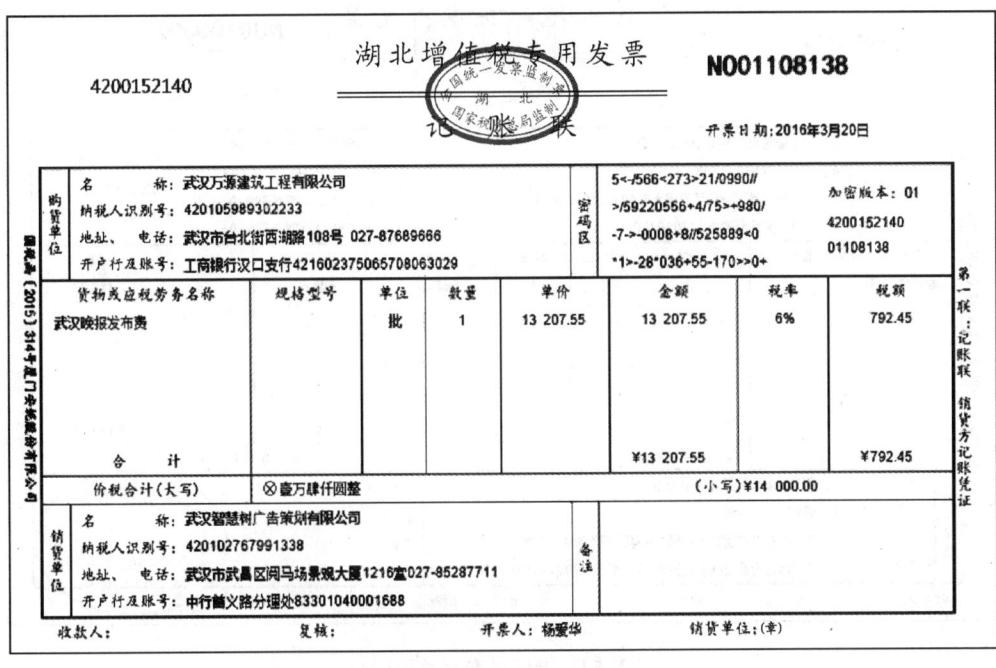

慧树广告策划有限公司替其在晚报发布广告款，企业当日填列进账单到银行进账。根据增值税专用发票记账联（见图 2-52）及银行进账单入账。

湖北增值税专用发票

4200152140　　　　N001108138

全国统一发票监制章 湖北 国家税务总局监制

记　账　联　　　　开票日期：2016年3月20日

购货单位	名　　称：武汉万源建筑工程有限公司 纳税人识别号：420105989302233 地址、电话：武汉市台北街西湖路108号 027-87689666 开户行及账号：工商银行汉口支行42160237506570806 3029	密码区	5<-/566<273>21/0990// >/59220556+4/75>+980/ -7->-0008+8//525889<0 *1>-28*036+55-170>>0+ 加密版本：01 4200152140 01108138

货物或应税劳务名称	规格型号	单位	数量	单价	金额	税率	税额
武汉晚报发布费		批	1	13 207.55	13 207.55	6%	792.45
合　计					¥13 207.55		¥792.45
价税合计（大写）	⊗壹万肆仟圆整				（小写）¥14 000.00		

销货单位	名　　称：武汉智慧树广告策划有限公司 纳税人识别号：420102767991338 地址、电话：武汉市武昌区阅马场景观大厦1216室027-85287711 开户行及账号：中行首义路分理处83301040001688	备注	

收款人：　　复核：　　开票人：杨曼华　　销货单位：（章）

国税函〔2015〕314号厦门荣冠股份有限公司

第一联：记账联　销货方记账凭证

图 2-52　增值税专用发票(41)

（6）以转账支票 23 400 元购买需安装固定资产印刷机一台，发票如图 2-53 所示。

湖北增值税专用发票

4200151140　　　　N002903022

全国统一发票监制章 湖北 国家税务总局监制

抵　扣　联　　　　开票日期：2016年03月20日

购货单位	名　　称：武汉智慧树广告策划有限公司 纳税人识别号：420102767991338 地址、电话：武汉市武昌区阅马场景观大厦1216室027-85287711 开户行及账号：中行首义路分理处83301040001688	密码区	5<-/566<273>21/0990// >/59220556+4/75>+980/ -7->-0008+8//525889<0 *1>-28*036+55-170>>0+ 加密版本：01 4200151140 02903022

货物或应税劳务名称	规格型号	单位	数量	单价	金额	税率	税额
印刷机		台	1	20 000.00	20 000.00	17%	3 400.00
合　计					¥20 000.00		¥3 400.00
价税合计（大写）	⊗贰万叁仟肆佰圆整				（小写）¥23 400.00		

销货单位	名　　称：武汉洋洋印刷器械有限公司 纳税人识别号：420104771389028 地址、电话：武汉市东湖开发区科技路106号 027-88472828 开户行及账号：工商银行武汉开发区支行 421142877099435598101 0	备注	武汉洋洋印刷器械有限公司 420104771389028 发票专用章

收款人：　　复核：　　开票人：周燕　　销货单位：（章）

国税函〔2015〕314号厦门荣冠股份有限公司

第二联：抵扣联　购货方扣税凭证

图 2-53　增值税专用发票(42)

（7）现金支付印刷机安装费 780 元，发票如图 2-54 所示。

图 2-54　增值税专用发票(43)

（8）收到武汉晚报开具的向我方收取 10 000 元广告发布费增值税专用发票，如图 2-55 所示。同日，公司开出金额为 7 000 元的转账支票一张。

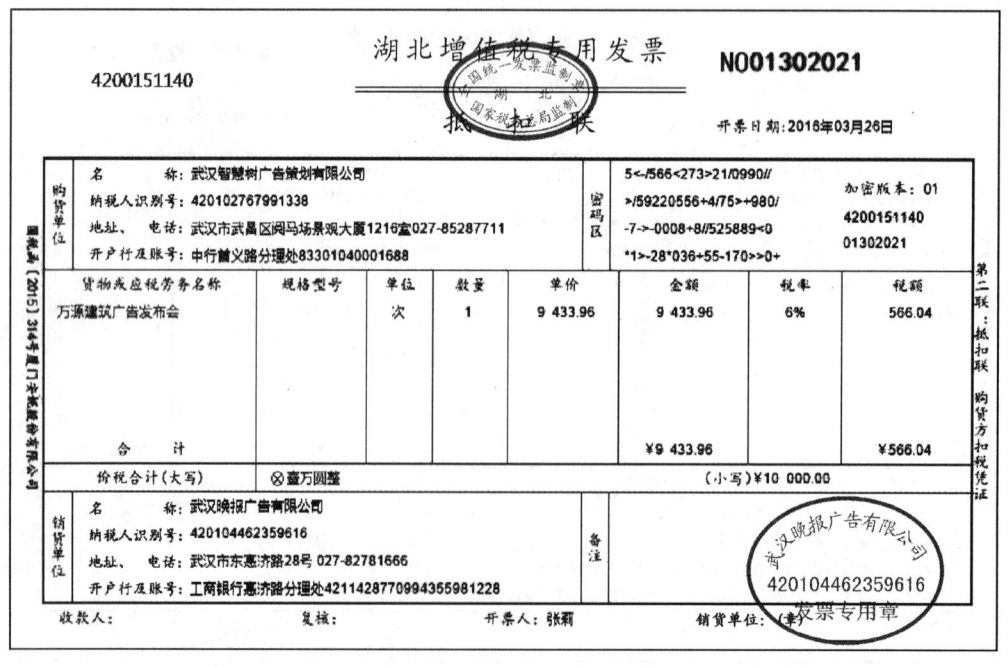

图 2-55　增值税专用发票(44)

五、V 3.0 增值税一般纳税人网上申报教学版案例 5

1. 实训目的

(1) 熟悉增值税纳税申报流程。

(2) 熟悉、掌握增值税一般纳税人申报原理。

(3) 掌握增值税纳税申报表及附表的填制。

(4) 熟悉、掌握《中华人民共和国增值税法》及其实施细则的基本原理。

2. 实训程序

(1) 发票数据采集。

(2) 填写附表资料。

(3) 增值税纳税申报主表填写。

(4) 申报查询、系统评分，提交实训报告。

3. 实训资料

参加实训的学生根据以下提供的案例数据进行模拟的增值税网上申报。先根据提供的各项发票资料录入对应的发票处理模块，添加保存成功后进入报表填写。报表填写依次顺序是固定资产进项税额抵扣情况表、附表二、附表一和增值税纳税申报主表。纳税申报表数据会根据纳税人员在发票采集中填列的信息自动生成。

请将当前税款所属期设置成 2016 年 03 月。

1) 进项抵扣数据。

××有限公司 2016 年 02 月销售一般货物和劳务期末留抵税额为：31 026.49 元。2016 年 03 月进项税资料如下。

(1) 购进货物取得进项税额抵扣联发票资料如表 2-26 所示。

表 2-26　进项税额抵扣联发票资料

发票代码	发票号码	货物或应税劳务名称	不含税金额	税额	销货单位	纳税人识别号	认证日期
2201112142	00386205	打印机	16 913.06	2 875.22	三合科技有限公司	220165719643251	2016 - 03 - 21
1101101270	00562021	电脑	3 520.19	598.43	联想科技有限公司	110132957001526	2016 - 03 - 05
2201112142	00386186	复印机	368 926.86	62 717.57	三合科技有限公司	220165719643251	2016 - 03 - 06
小　计			389 360.11	66 191.22			

注：购入电脑符合对购进固定资产进项税抵扣规定，经税务机关允许可以抵扣购进电脑支付的进项税额，报表人员应根据允许抵扣的固定资产进项税额填写固定资产进项税额抵扣情况表。

××有限公司 2016 年 03 月购货取得进项货物运输业增值税专用发票数据如表 2-27 所示。

表 2-27　进项货物运输业增值税专用发票数据

发票代码	发票号码	货物或应税劳务名称	含税金额	销货单位	纳税人识别号	认证日期
5100133730	00036101	打印机	23 055.71	内江凌丰汽车运输有限责任公司	51100272362522X	2016 - 03 - 21

注：起运地、经由或到达地：河南郑州到浙江杭州。

(2) 海关完税凭证数据(增值税)如表 2-28 所示。

表 2-28　海关完税凭证数据

完税证号码	进口口岸代码	完税金额	税率	完税税额
530120111012152190 - L02	5301	10 369.20	17%	1 762.76
小　计		10 369.20		1 762.76

2) 销项发票数据。

××有限公司 2016 年 03 月实现销售数据如下。

(1) 防伪税控专用发票存根联如表 2-29 所示。

表 2-29　防伪税控专用发票存根联

发票代码	发票号码	货物或应税劳务名称	不含税金额	税额	购货单位	纳税人识别号
3301112142	00000025	打印机	168 392.00	28 626.64	立天实业有限公司	330124719535921
3301112142	00000026	打印机	245 132.19	41 672.47	新大印刷有限公司	110165712567527
3301112142	00000027	打印机	9 816.13	1 668.74	鑫鑫科技有限公司	220124714619921
小　计			423 340.32	71 967.85		

(2) ××有限公司 2016 年 03 月销售打印机实现销售的其他销项发票资料如表 2-30 所示。

表 2-30　其他销项发票

普通发票代码	发票起止号码	合计含税销售额
3300133620	10001075～10001121	173 097.77
无票视同销售或纳税检查调整	不含销售额	
无票销售收入	31 590.15	

在发票采集系统采集发票资料后,以此填写保存附表一、附表二、增值税纳税申报表及固定资产进项税额抵扣情况表,在"发送报表"中将已经保存成功的报表上报税务机关,通过"申报查询"功能将已报送成功的报表打印出来留存备查。企业如当月申报有增值税款的可通过"网上缴税"申请网上扣缴税款。

4. 报告提交

实训操作完成后,进入评分系统选择相对应的案例进行系统评分,将实训报告封面及各报表以此打印,主要的申报表打印程序如下:

(1) 进行系统评分后打印实训报告封面。

(2) 增值税纳税申报表(适用于增值税一般纳税人)及其附表。

六、V 3.0 增值税一般纳税人网上申报教学版案例 6

1. 实训目的

(1) 熟悉增值税纳税申报流程。

(2) 熟悉、掌握增值税一般纳税人申报原理。

(3) 掌握增值税纳税申报表及附表的填制。

(4) 熟悉、掌握《中华人民共和国增值税法》及其实施细则的基本原理。

2. 实训程序

(1) 发票数据采集。

(2) 填写附表资料。

(3) 增值税纳税申报主表填写。

(4) 申报查询、系统评分提交实训报告。

3. 实训资料

参加实训的学生根据以下提供的案例数据进行模拟的增值税网上申报。先根据提供的各项发票资料录入对应的发票处理模块，添加保存成功后进入报表填写。报表填写的顺序是固定资产进项税额抵扣情况表、附表二、附表一和增值税纳税申报主表。纳税申报表数据会根据纳税人员在发票采集中填列的信息自动生成。

贝茜设计印务有限公司 2015 年留抵税额为：109 267.06 元。

2016 年 01 月进项税资料如下。

(1) 收到三合科技有限公司打印机发票一张，如图 2-56 所示。

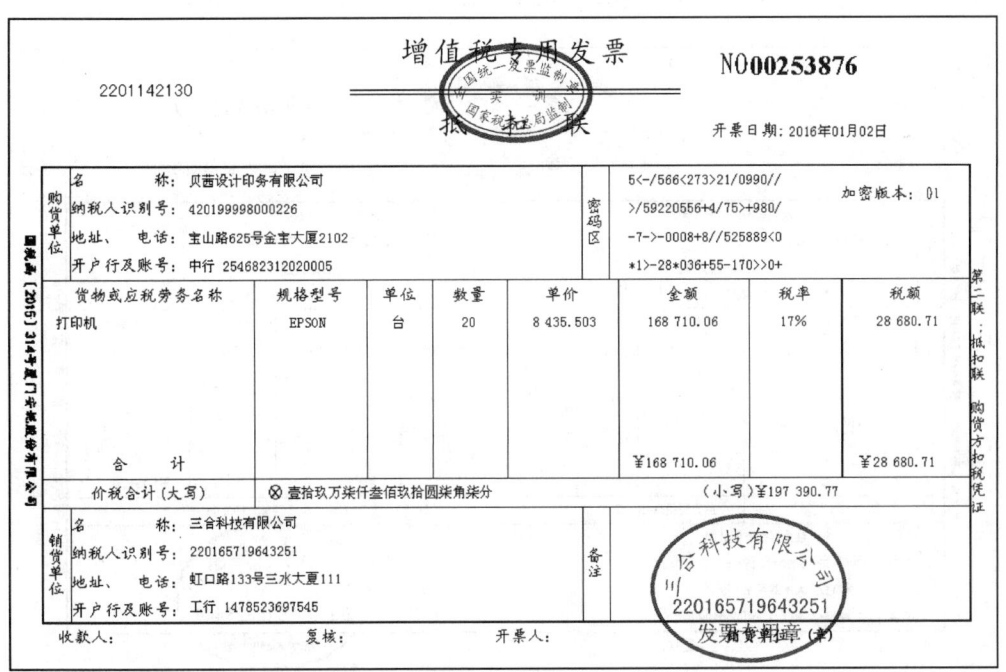

图 2-56　增值税专用发票(45)

(2) 收到联想科技有限公司电脑发票一张，如图 2-27 所示。

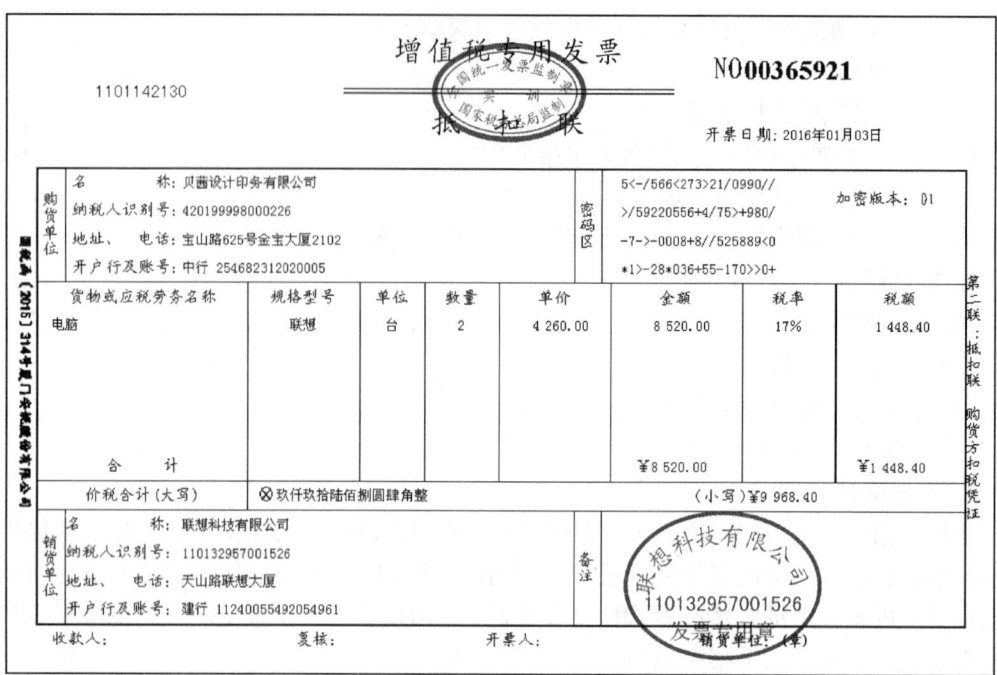

注:购入电脑符合对购进固定资产进项税抵扣规定,经税务机关允许可以抵扣购进电脑支付的进项税额,报表人员应根据允许抵扣的固定资产进项税额填写固定资产进项税额抵扣情况表。

图 2-57 增值税专用发票(46)

(3) 收到联众科技发票一张,如图 2-58 所示。

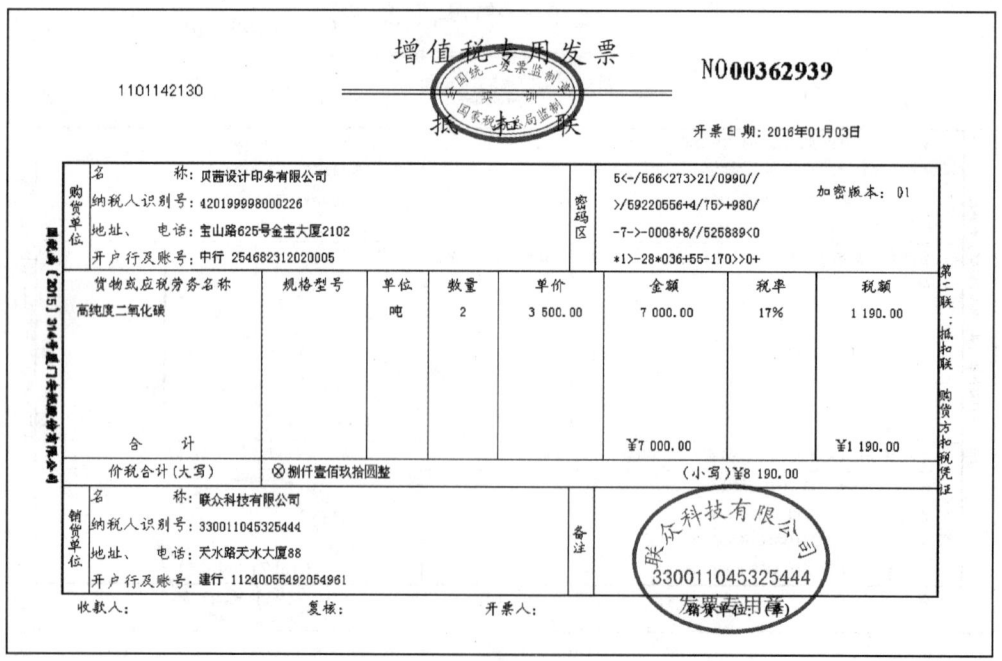

图 2-58 增值税专用发票(47)

(4) 公司收到上海快捷快运有限公司运费发票一张价税合计 10 000.00 元,如图 2-59 所示。

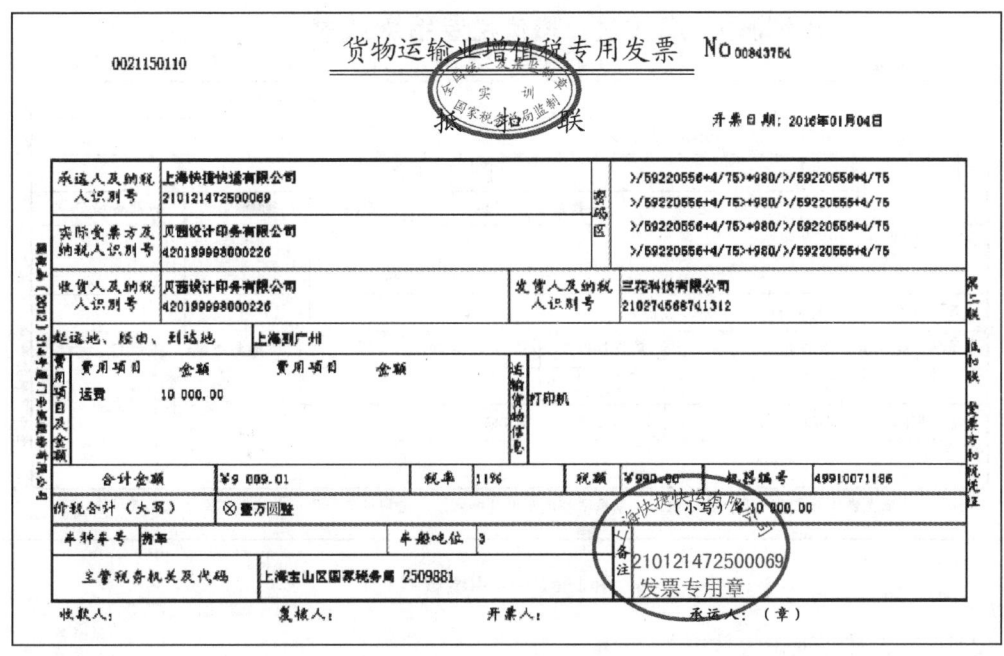

图 2-59　增值税专用发票(48)

(5) 公司收到上海快捷快运有限公司运费发票一张价税合计 6 894.82 元,如图 2-60 所示。

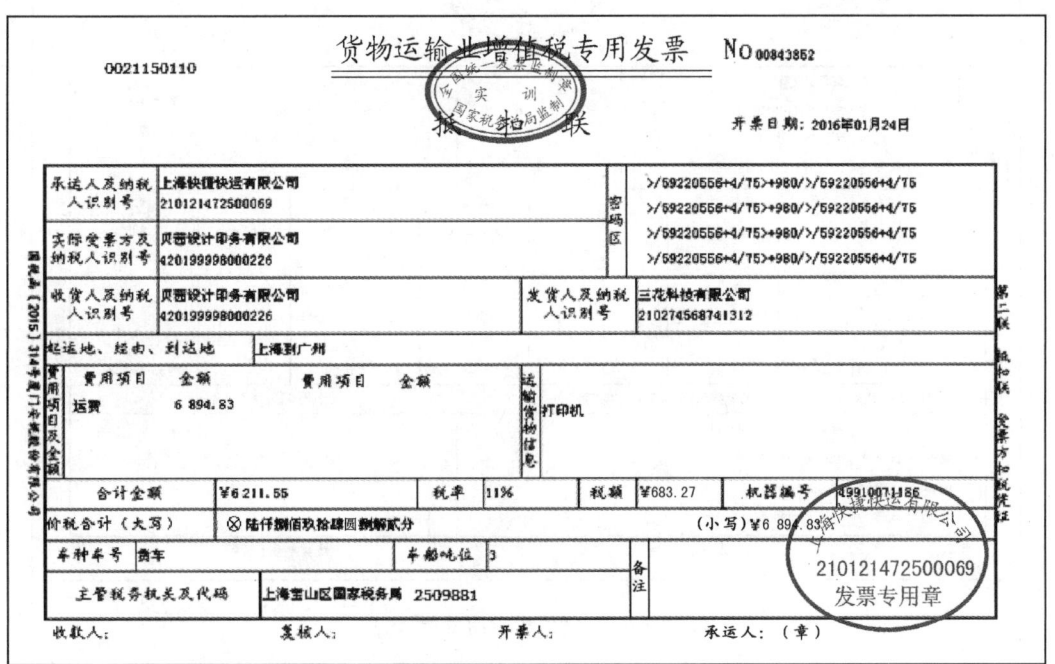

图 2-60　增值税专用发票(49)

（6）收到海关增值税缴款书一张，如图 2-61 所示。

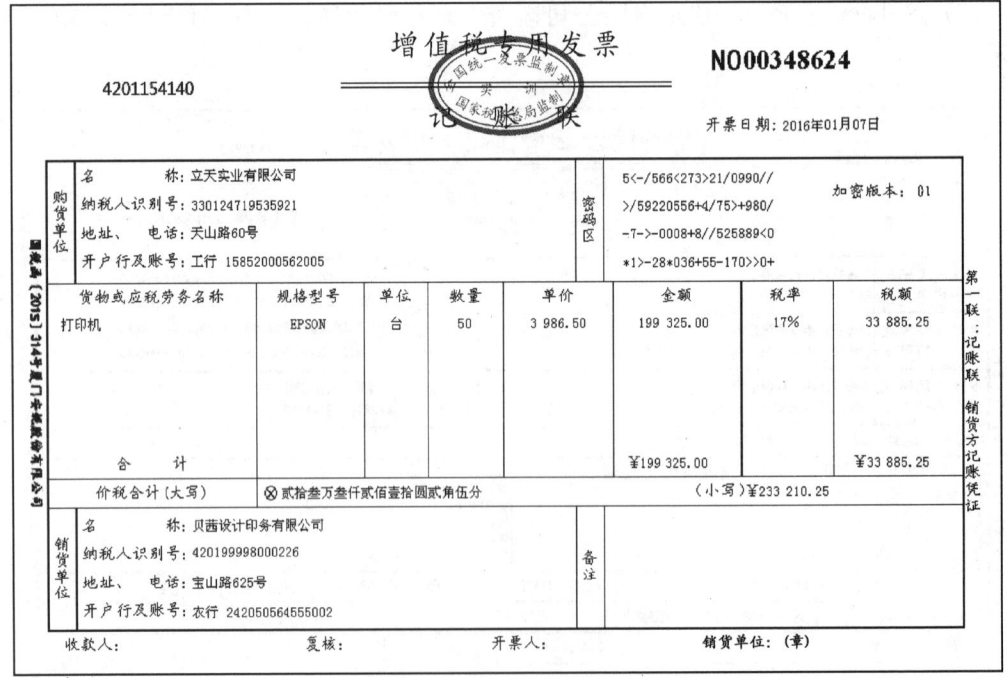

深圳海关　海关进口增值税专用缴款书

收入系统海关系统　　　　填发日期 2016 年 01 月 07 日　　号码 NO.53012013101215 2190-L01

收款单位	收入机关	中央金库			缴款单位或人	名称	贝茜设计印务有限公司	
	科目	进口增值税	预算级次	中央		账号	789789789789789	
	收款国库	深圳农行金库				开户银行	农行	

税号	货物名称	数量	单位	完税价格（¥）	税率（%）	税款金额（¥）
3917220000	电脑	1	台	6 425.00	17%	1 092.25

金额人民币（大写）⊗柒仟伍佰壹拾柒圆贰角伍分		合计	¥7 517.25

申请单位编号	3206987002	报关单编号	230220121020021103	填制单位	收款国库（银行）
合同（批文）号		运输工具（号）			
缴款期限	2016年1月22日	提/装货单号	YML ID59500911		
备注					

从填发缴款书之日起限15日内缴纳（期末遇法定节假日顺延），逾期按日征收税款总额万分之五的滞纳金

图 2-61　专用缴款书

2016 年 1 月实现销售数据如下。

（1）向立天实业有限公司开具发票一张，如图 2-62 所示。

增值税专用发票　　　**NO.00348624**

4201154140

记账联　　　开票日期：2016年01月07日

购货单位	名　称：立天实业有限公司	密码区	5<-/566<273>21/0990//>/59220556+4/75/+980/-7->0008+8//525889<0*1>-28*036+55-170>0+	加密版本：01
	纳税人识别号：330124719535921			
	地址、电话：天山路60号			
	开户行及账号：工行 15852000562005			

货物或应税劳务名称	规格型号	单位	数量	单价	金额	税率	税额
打印机	EPSON	台	50	3 986.50	199 325.00	17%	33 885.25
合　计					¥199 325.00		¥33 885.25

价税合计（大写）⊗贰拾叁万叁仟贰佰壹拾圆贰角伍分	（小写）¥233 210.25

销货单位	名　称：贝茜设计印务有限公司	备注
	纳税人识别号：420199998000226	
	地址、电话：宝山路625号	
	开户行及账号：农行 242050564555002	

收款人：　　　复核：　　　开票人：　　　销货单位：（章）

图 2-62　增值税专用发票(50)

（2）向新大印务有限公司开具发票一张，如图2-63所示。

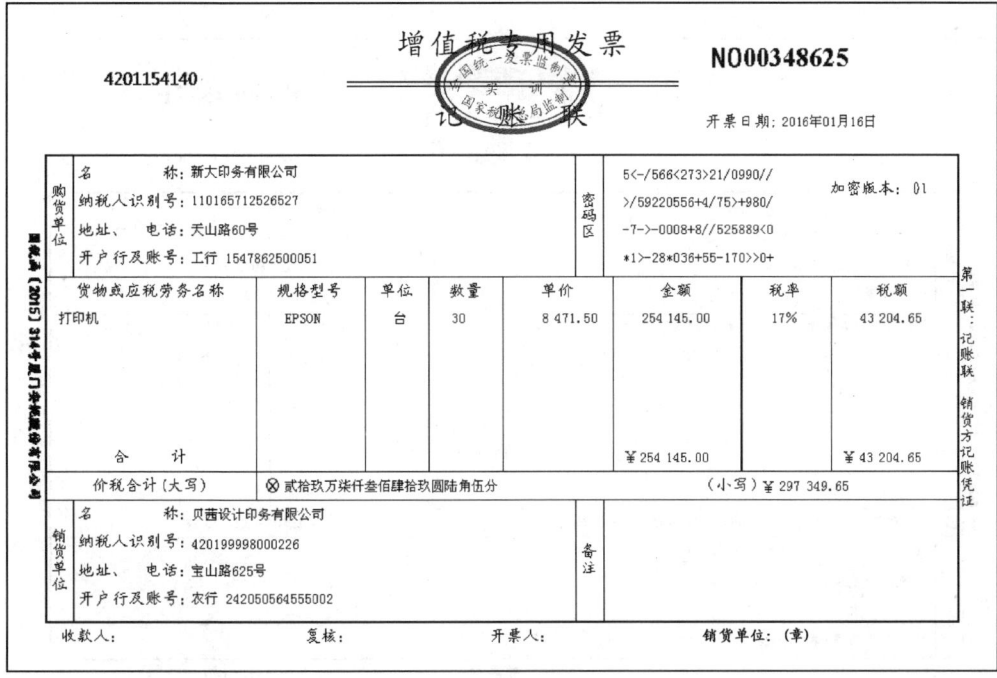

图2-63　增值税专用发票(51)

（3）向金网印刷材料厂开具发票一张，如图2-64所示。

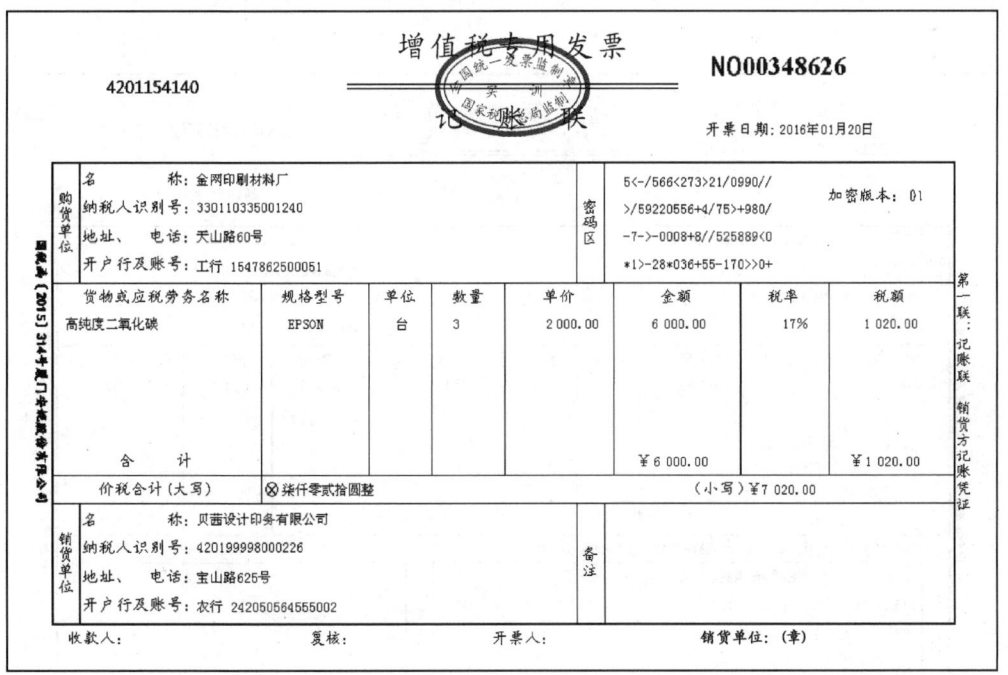

图2-64　增值税专用发票(52)

（4）卖出传真机 6 台，并开具了增值税专用发票，如图 2-65 所示。

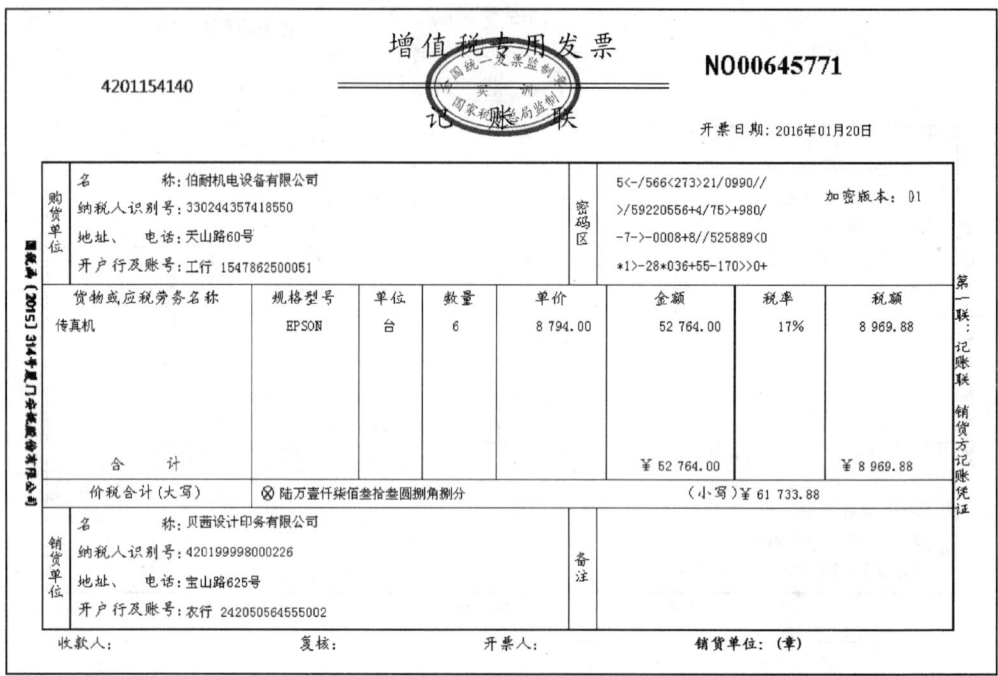

图 2-65　增值税专用发票(53)

（5）卖出传真机 10 台，并开具了增值税专用发票，如图 2-66 所示。

图 2-66　增值税专用发票(54)

（6）卖出电脑10台，并开具了增值税专用发票，如图2-67所示。

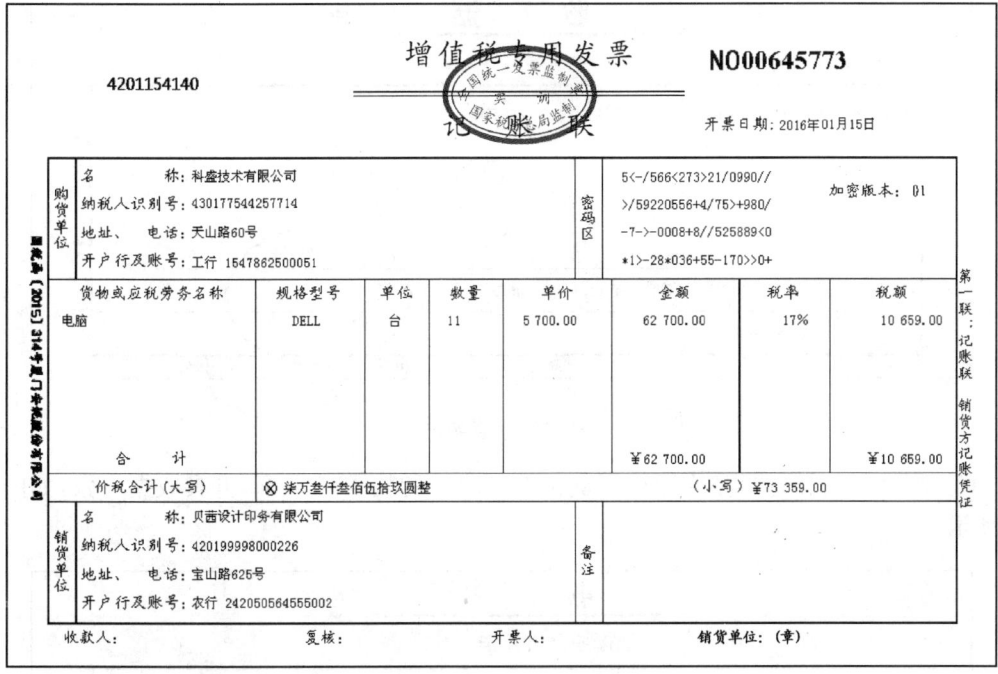

图2-67　增值税专用发票(55)

（7）卖出复印机20台，并开具了增值税专用发票，如图2-68所示。

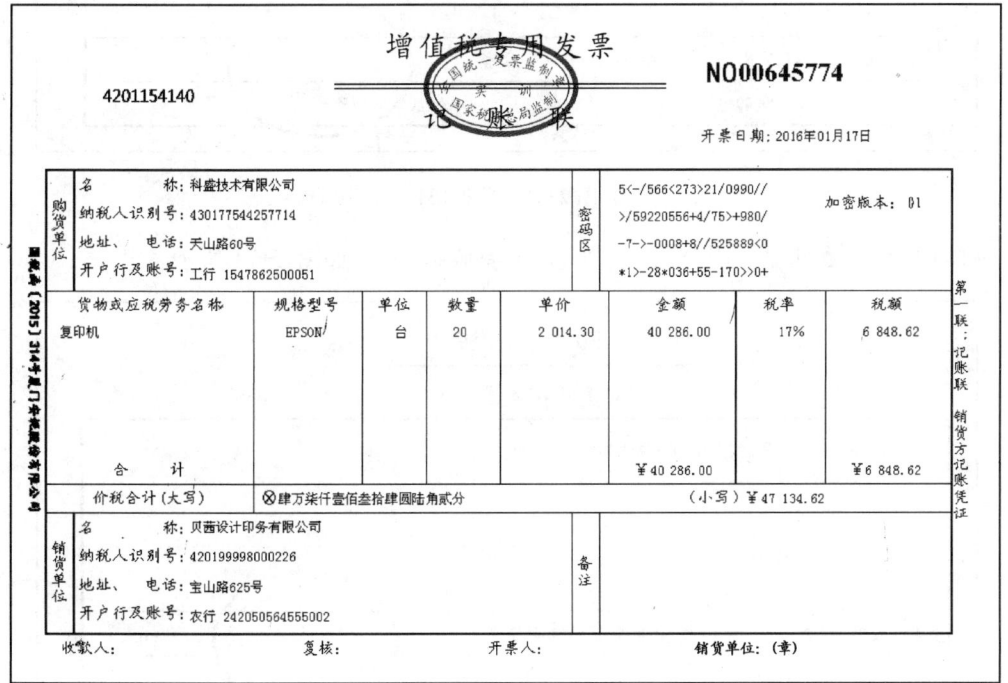

图2-68　增值税专用发票(56)

（8）收到税友软件集团公司的货款 35 000 元，如图 2-69 所示。

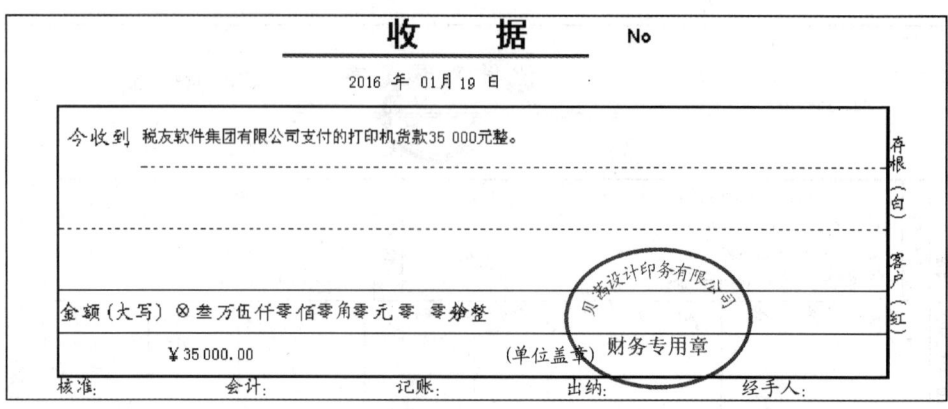

图 2-69　收据(2)

（9）收到衡信教育科技有限公司支付的打印机货款 48 500 元，开具收据一张，如图 2-70 所示。

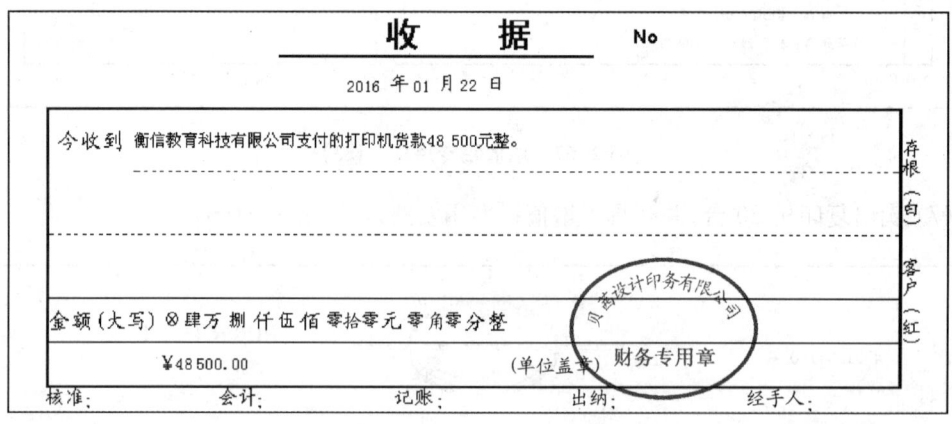

图 2-70　收据(3)

（10）收到恒鑫印刷有限公司一笔货款，开具收据一张，如图 2-71 所示。

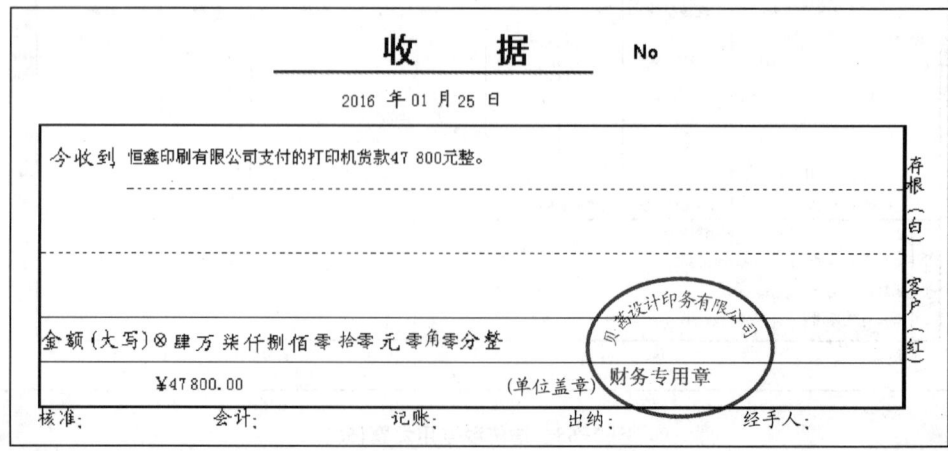

图 2-71　收据(4)

(11) 收到大民印刷有限公司打印机货款 22 390 元,开具收据一张,如图 2-72 所示。

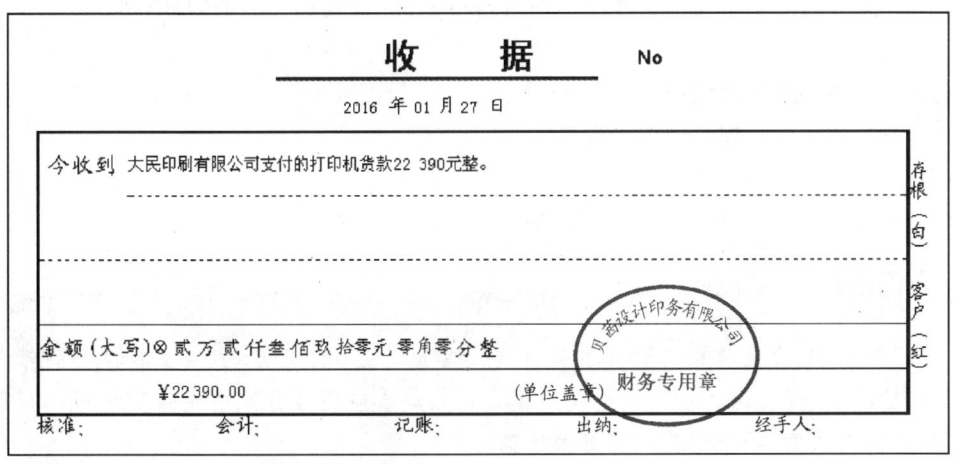

图 2-72 收据(5)

(12) 收到科鑫电子信息有限公司打印机货款 26 127.3 元,开具收据一张,如图 2-73 所示。

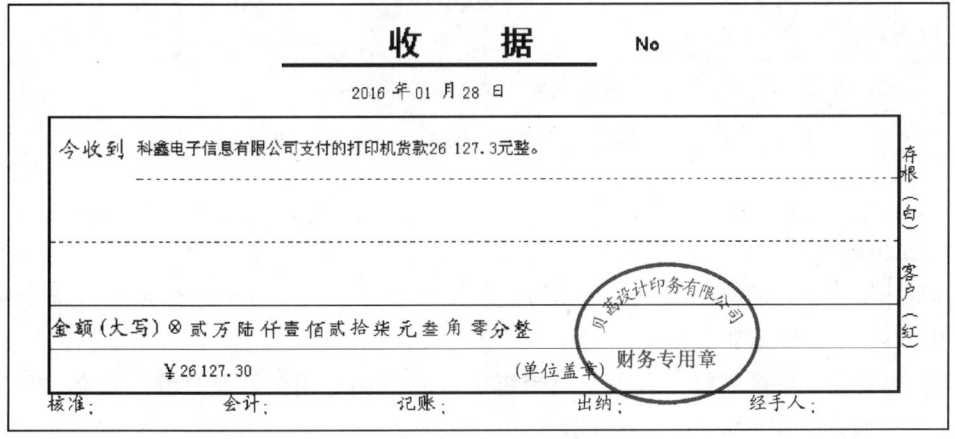

图 2-73 收据(6)

在发票采集系统采集发票资料后,以此填写保存附表一、附表二、增值税纳税申报表及固定资产进项税额抵扣情况表,在"发送报表"中将已经保存成功的报表上报税务机关,通过"申报查询"功能将已报送成功的报表打印出来留存备查。企业如当月申报有增值税款的可通过"网上缴税"申请网上扣缴税款。

第 3 节　增值税小规模纳税人案例

一、V 3.0 增值税小规模纳税人网上申报教学版案例 1

1. 实训目的

(1) 熟悉、掌握增值税小规模纳税人纳税申报表填写及申报原理。

（2）熟悉增值税小规模纳税人不含税销售额计算公式及小规模纳税人征收率。

（3）熟悉、掌握《中华人民共和国增值税暂行条例》及其实施细则的基本原理。

2. 填报程序

（1）计算当期不含税销售额。

（2）填写增值税小规模纳税申报表。

（3）报表发送、网上缴税。

（4）申报查询、系统评分，提交实训报告。

知识链接

根据《中华人民共和国增值税暂行条例实施细则》的规定，小规模纳税人的销售额不包括其应纳税额。小规模纳税人销售货物或者应税劳务采用销售额和应纳税额合并定价方法的，按下列公式计算销售额：

$$销售额＝含税销售额÷（1＋征收率）$$

根据《中华人民共和国增值税暂行条例》的规定，小规模纳税人销售货物或者应税劳务，实行按照销售额和征收率计算应纳税额的简易办法，并不得抵扣进项税额。应纳税额计算公式：

$$应纳税额＝销售额×征收率$$

自 2009 年 1 月 1 日起，全国的小规模纳税人增值税征收率统一为 3%。

（详情请参阅本系统平台藏经阁）

3. 实训材料

深圳市菱电制冷设备销售有限公司为 2016 年 1 月 1 日成立的增值税小规模纳税人。2016 年 1 月，主要发生如下业务：

（1）为安民农副产品贸易有限公司销售了 3 套空调专用铜管及过滤网设备，共计 960 元。款项未收回。发票如图 2-74 所示。

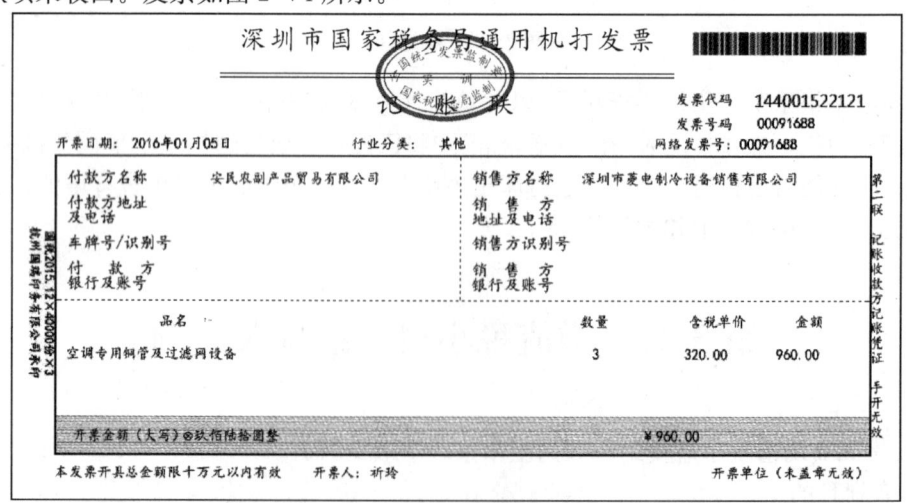

图 2-74　机打发票（2）

（2）对深圳市兴隆建筑安装有限责任公司销售了 1 套空调不锈钢加厚版支架设备,售价 800 元,并同时进行空调移机、安装收费 626 元,以上款项已经通过银行转账收讫。发票如图 2-75 所示。

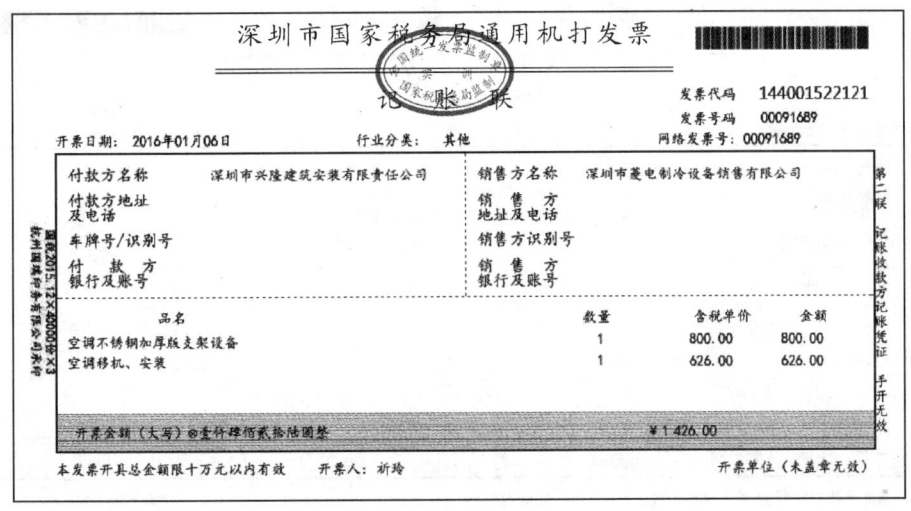

图 2-75　机打发票(3)

（3）向深圳大润发有限公司销售并安装冷库设备取得收入 26 400 元,款项未收回。发票如图 2-76、图 2-77 和图 2-78 所示。

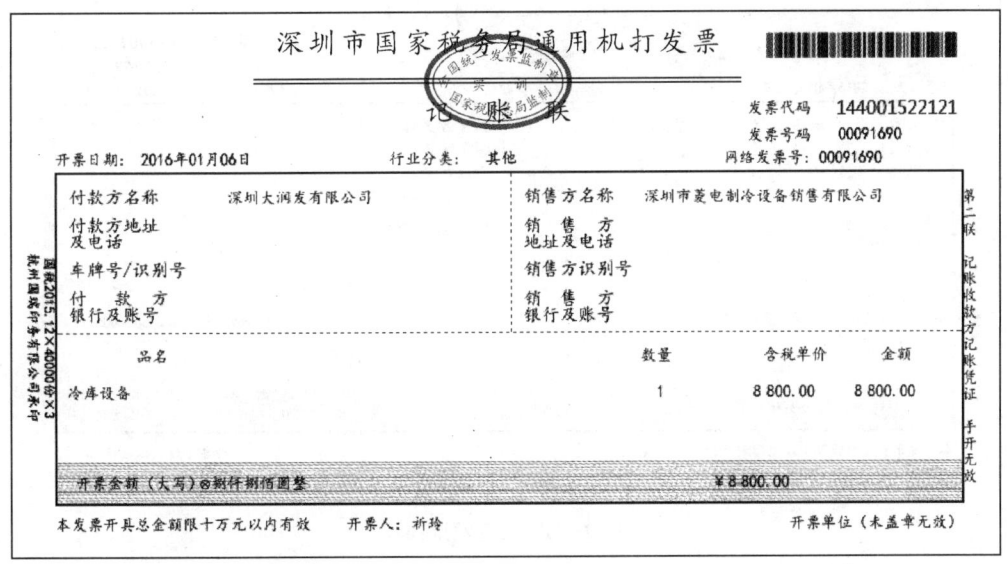

图 2-76　机打发票(4)

「税务」

Shuiwu
系列教材 Xilie Jiaocai

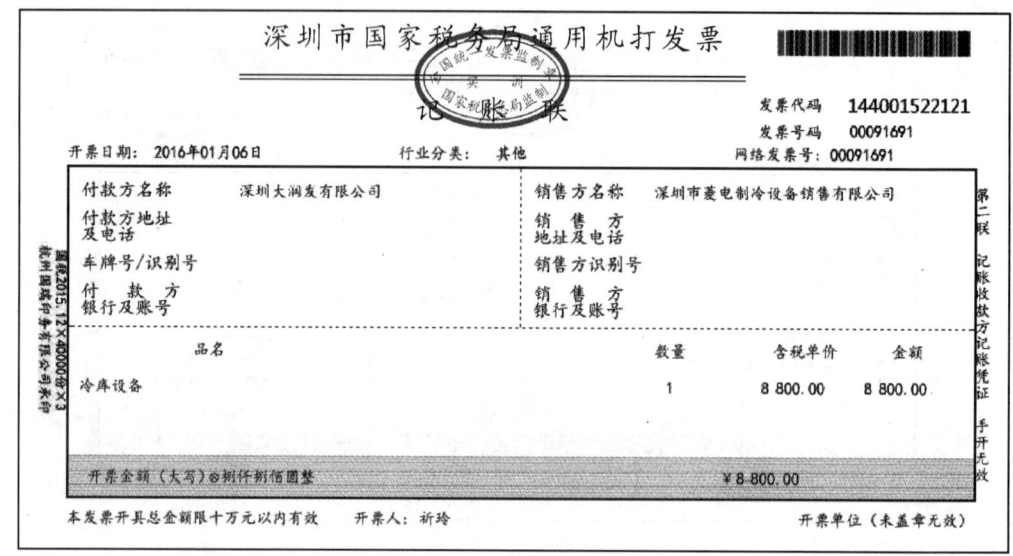

图 2-77　机打发票(5)

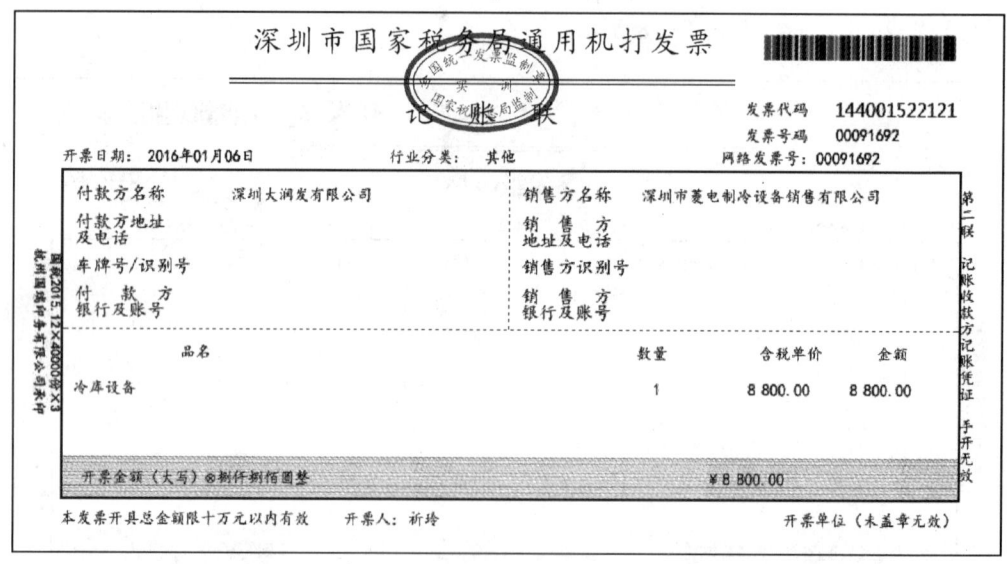

图 2-78　机打发票(6)

(4) 向深圳万家机电有限公司销售制冷器 2 台,每台 10 000 元,款项未收。发票如图 2-79 所示。

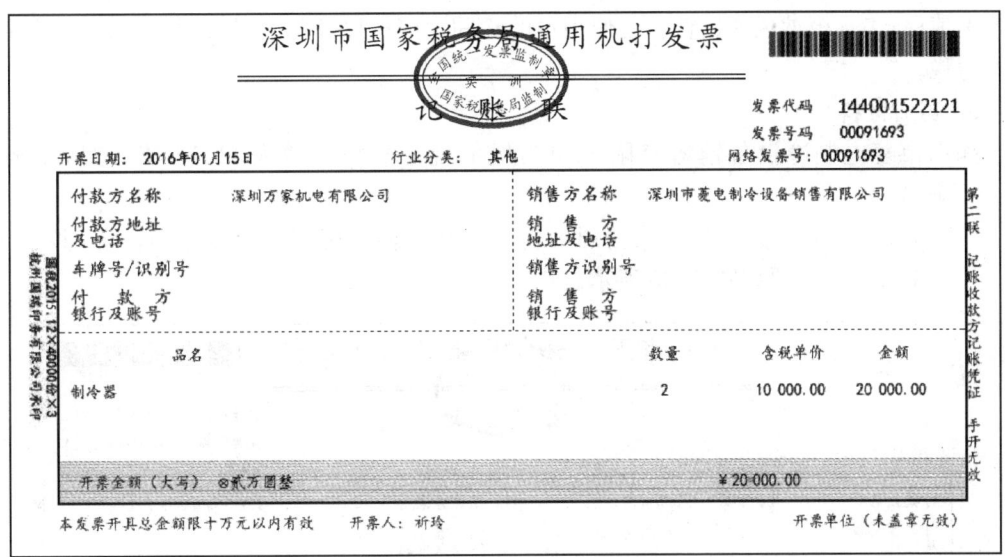

图 2-79　机打发票(7)

二、V3.0 增值税小规模纳税人网上申报教学版案例 2

1. 实训目的

(1) 熟悉、掌握增值税小规模纳税人纳税申报表填写及申报原理。

(2) 熟悉增值税小规模纳税人不含税销售额计算公式及小规模纳税人征收率。

(3) 熟悉、掌握《中华人民共和国增值税暂行条例》及其实施细则的基本原理。

2. 填报程序

(1) 计算当期不含税销售额。

(2) 填写增值税小规模纳税申报表。

(3) 报表发送、网上缴税。

(4) 申报查询、系统评分,提交实训报告。

> **知识链接**
>
> 　根据《财政部　国家税务总局关于简并增值税征收率政策的通知》(财税〔2014〕57 号),原财税〔2009〕9 号通知中"按照简易办法依照 4% 征收率减半征收增值税"调整为"按照简易办法依照 3% 征收率减按 2% 征收增值税"。

按简易办法征收增值税的优惠政策继续执行,不得抵扣进项税额的情形,如纳税人销售自己使用过的物品,按下列政策执行:

(1) 一般纳税人销售自己使用过的属于条例第十条规定不得抵扣且未抵扣进项税额的固定资产,按简易办法依 3% 征收率减按 2% 征收增值税;一般纳税人销售自己使用过的其他固定资产,按照《财政部　国家税务总局关于全国实施增值税转型改革若干问题的通知》(财税〔2008〕170 号)第四条的规定执行;一般纳税人销售自己使用过的除固定资产以外的物品,应当按照适用税率征收增值税。

(2) 小规模纳税人(除其他个人外,下同)销售自己使用过的固定资产,减按 2% 征收率征收增值税;小规模纳税人销售自己使用过的除固定资产以外的物品,应按 3% 的征收率征收增值税。

3. 实训材料

深圳市菱电制冷设备销售有限公司为增值税小规模纳税人,2016 年 3 月,主要发生如下业务:

(1) 为安民农副产品贸易有限公司销售了 3 套空调专用铜管及过滤网设备,共计 960 元。款项未收回。发票如图 2-80 所示。

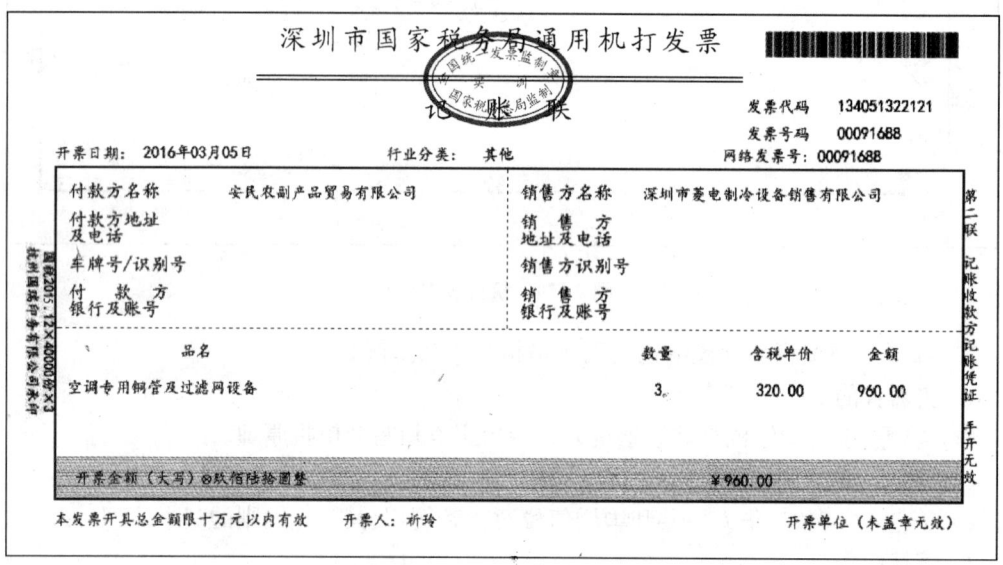

图 2-80 机打发票(8)

(2) 对深圳市兴隆建筑安装有限责任公司销售了 1 套空调不锈钢加厚版支架设备,售价 800 元,并同时进行空调移机、安装收费 626 元,以上款项已经通过银行转账收讫。发票如图 2-81 所示。

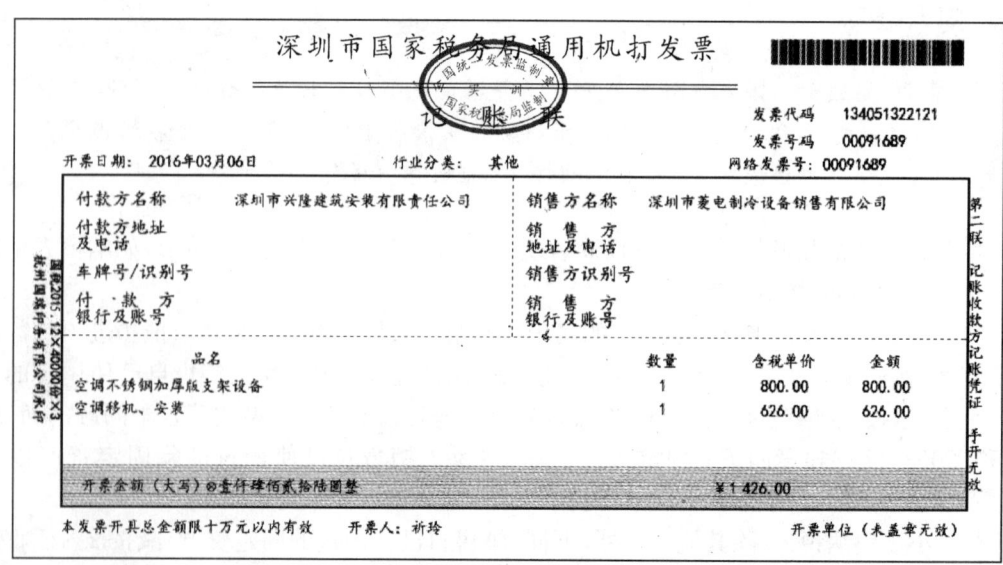

图 2-81 机打发票(9)

（3）向深圳大润发有限公司销售冷库设备并安装取得收入 26 400 元,款项未收回。发票如图 2-82、图 2-83 和图 2-84 所示。

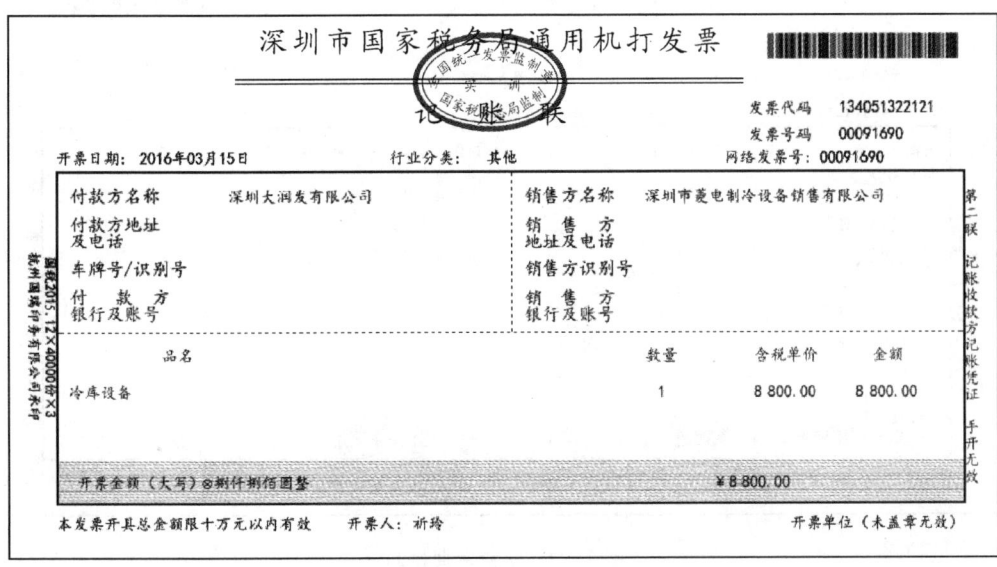

图 2-82　机打发票(10)

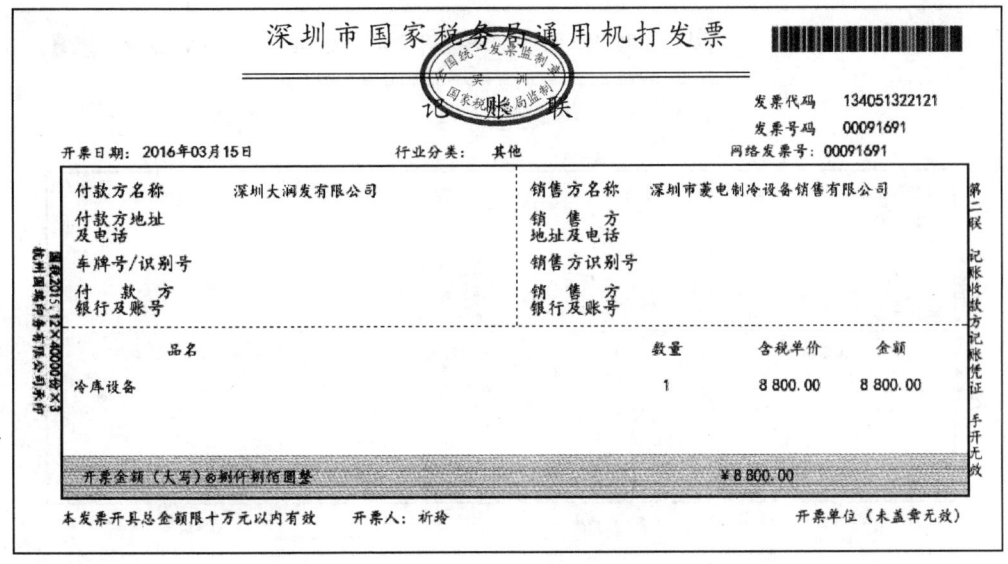

图 2-83　机打发票(11)

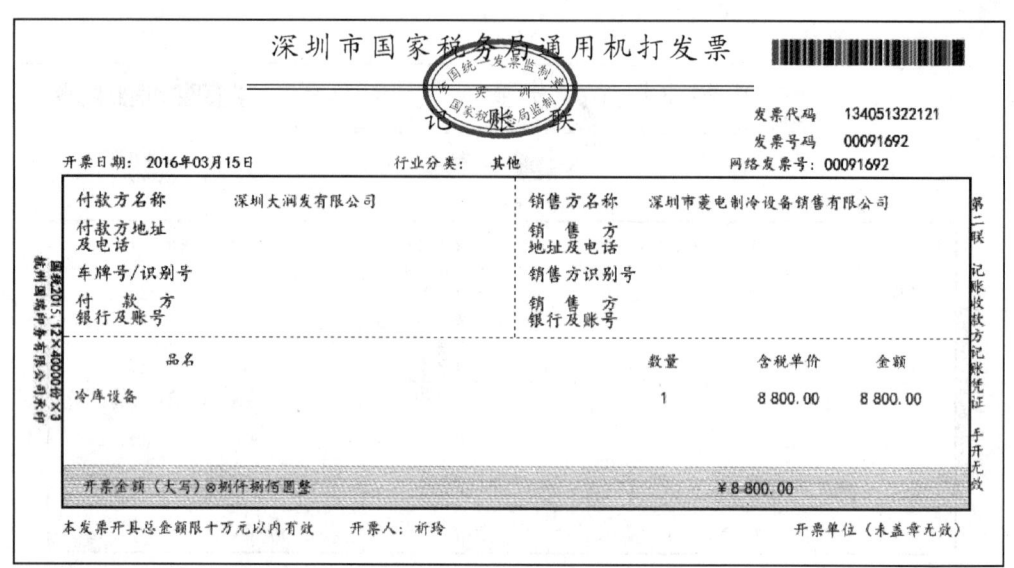

图 2-84 机打发票(12)

(4) 3 月 20 日,销售自己使用过的固定资产收到含税收入 3 500.00 元。发票如图 2-85 所示。

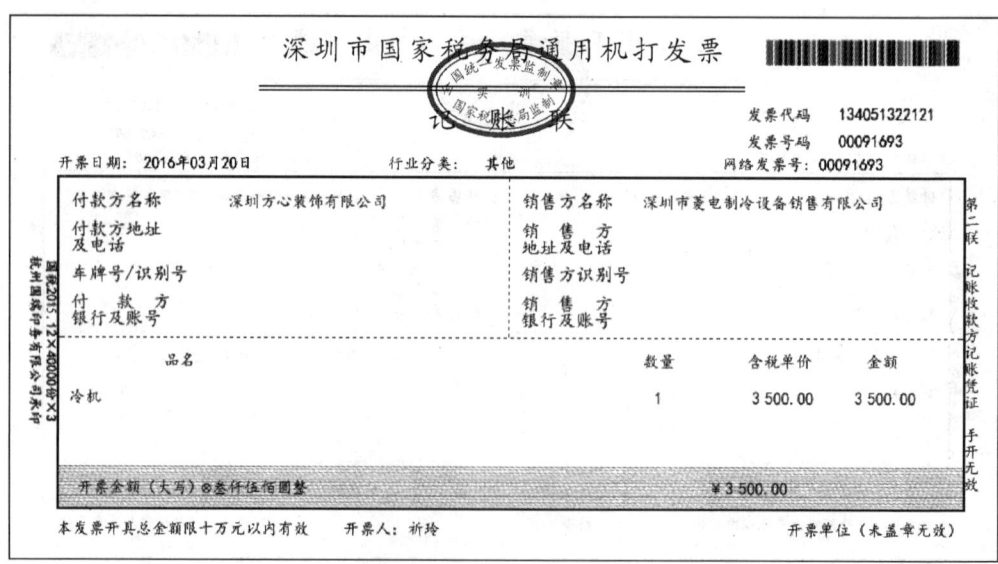

图 2-85 机打发票(13)

（5）企业 2016 年 2 月份纳税申报资料如表 2-31 所示。

表 2-31　增值税纳税申报表（适用小规模纳税人）

纳税人识别号：| 4 | 4 | 0 | 4 | 0 | 6 | 7 | 8 | 9 | 0 | 1 | 2 | 3 | 4 | 5 |

纳税人名称（公章）：深圳市菱电制冷设备销售有限公司　　　　　　　　金额单位：元（列至角分）

税款所属期：2016 年 02 月 01 日至 2016 年 02 月 29 日　　　　　　填表日期：2016 年 03 月 03 日

项　目	栏次	本期数		本年累计	
		应税货物及劳务	应税服务	应税货物及劳务	应税服务
一、计税依据 (一)应征增值税不含税销售额	1	52 126.00	0.00	203 126.00	0.00
税务机关代开的增值税专用发票不含税销售额	2	0.00	0.00	0.00	0.00
税控器具开具的普通发票不含税销售额	3	0.00	0.00	0.00	0.00
(二)销售使用过的应税固定资产不含税销售额	4(4≥5)	0.00	—	0.00	—
其中:税控器具开具的普通发票不含税销售额	5	0.00	—	0.00	—
(三)免税销售额	6=7+8+9	0.00	0.00	0.00	0.00
其中:小微企业免税销售额	7	0.00	0.00	0.00	0.00
未达起征点销售额	8	0.00	0.00	0.00	0.00
其他免税销售额	9	0.00	0.00	0.00	0.00
(四)出口免税销售额	10(10≥11)	0.00	0.00	0.00	0.00
其中:税控器具开具的普通发票销售额	11	0.00	0.00	0.00	0.00
核定销售额		0.00	0.00	0.00	0.00
二、税款计算 本期应纳税额	12	1 563.78	0.00	6 093.78	0.00
核定应纳税额		0.00	0.00	0.00	0.00
本期应纳税额减征额	13	0.00	0.00	0.00	0.00
本期免税额	14	0.00	0.00	0.00	0.00
其中:小微企业免税额	15	0.00	0.00	0.00	0.00
未达起征点免税额	16	0.00	0.00	0.00	0.00
应纳税额合计	17=12-13	1 563.78	0.00	6 093.78	0.00
本期预缴税额	18	0.00	0.00	—	—
本期应补(退)税额	19=17-18	1 563.78	0.00	—	—

纳税人或代理人声明:本纳税申报表是根据国家税收法律法规及相关规定填报的,我确定它是真实的、可靠的、完整的。

如纳税人填报,由纳税人填写以下各栏:
办税人员:　　　　　财务负责人:
法定代表人:　　　　联系电话:
如委托代理人填报,由代理人填写以下各栏:
代理人名称(公章):　　　经办人:
　　　　　　　　联系电话:

主管税务机关:　　　　接收人:　　　　接收日期:

三、V 3.0 增值税小规模纳税人网上申报教学版案例 3

1. 实训目的

（1）熟悉、掌握增值税小规模纳税人纳税申报表填写及申报原理。

（2）熟悉增值税小规模纳税人不含税销售额计算公式及小规模纳税人征收率。

（3）熟悉、掌握《中华人民共和国增值税暂行条例》及其实施细则的基本原理。

2. 填报程序

（1）计算当期不含税销售额。

（2）填写增值税小规模纳税申报表。

（3）报表发送、网上缴税。

（4）申报查询、系统评分，提交实训报告。

> **知识链接**
>
> 《财政部、国家税务总局关于增值税税控系统专用设备和技术维护费用抵减增值税税额有关政策的通知》（财税〔2012〕15 号）第一条规定，增值税纳税人 2011 年 12 月 1 日（含，下同）以后初次购买增值税税控系统专用设备（包括分开票机）支付的费用，可凭购买增值税税控系统专用设备取得的增值税专用发票，在增值税应纳税额中全额抵减（抵减额为价税合计额），不足抵减的可结转下期继续抵减。增值税纳税人非初次购买增值税税控系统专用设备支付的费用，由其自行负担，不得在增值税应纳税额中抵减。（详情请参阅藏经阁）

3. 实训材料

深圳市菱电制冷设备销售有限公司为增值税小规模纳税人，2016 年 3 月主要发生如下业务：

（1）为安民农副产品贸易有限公司销售了 3 套空调专用铜管及过滤网设备，共计 960 元。款项未收回。发票如图 2-86 所示。

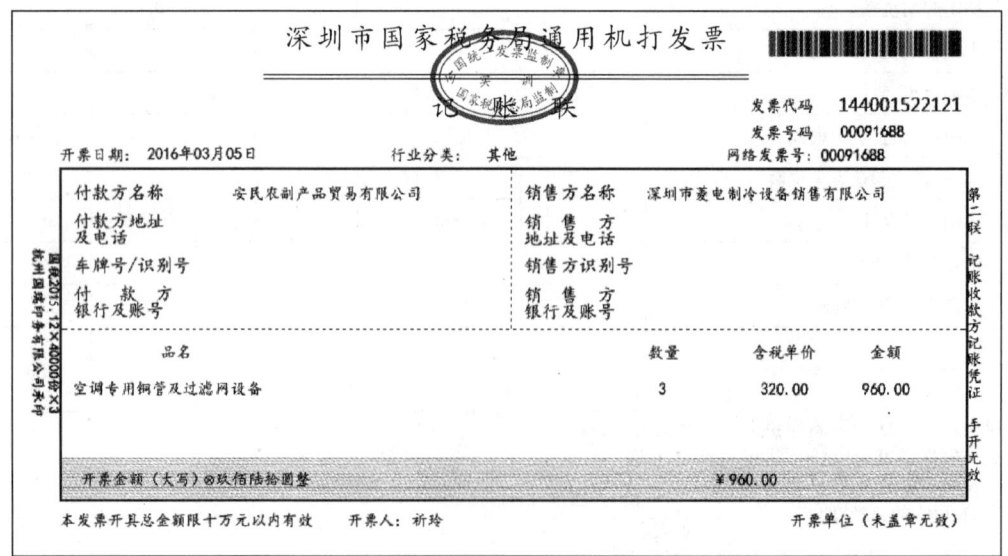

图 2-86　机打发票(14)

(2) 对深圳市兴隆建筑安装有限责任公司销售了 1 套空调不锈钢加厚版支架设备,售价 800 元,并同时进行空调移机、安装,收费 626 元,以上款项已经通过银行转账收讫。发票如图 2-87 所示。

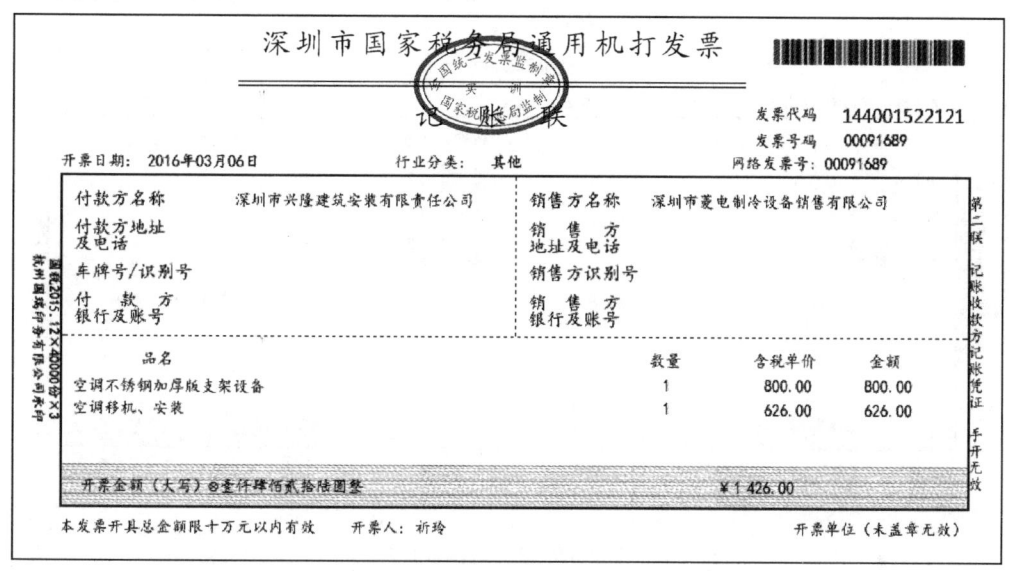

图 2-87 机打发票(15)

(3) 向深圳大润发有限公司销售冷库设备并安装取得收入 26 400 元,款项未收回。发票如图 2-88、图 2-89 和图 2-90 所示。

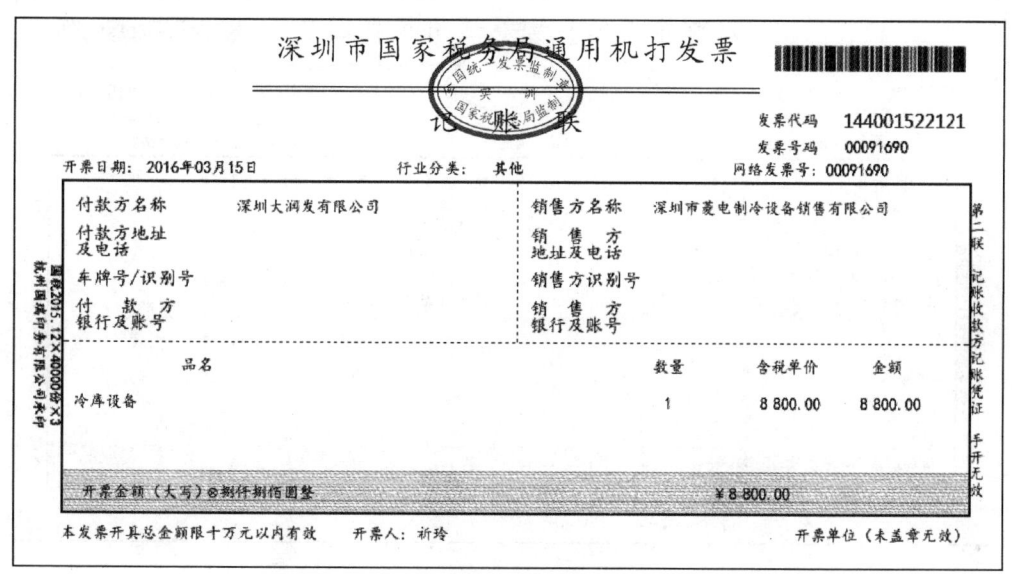

图 2-88 机打发票(16)

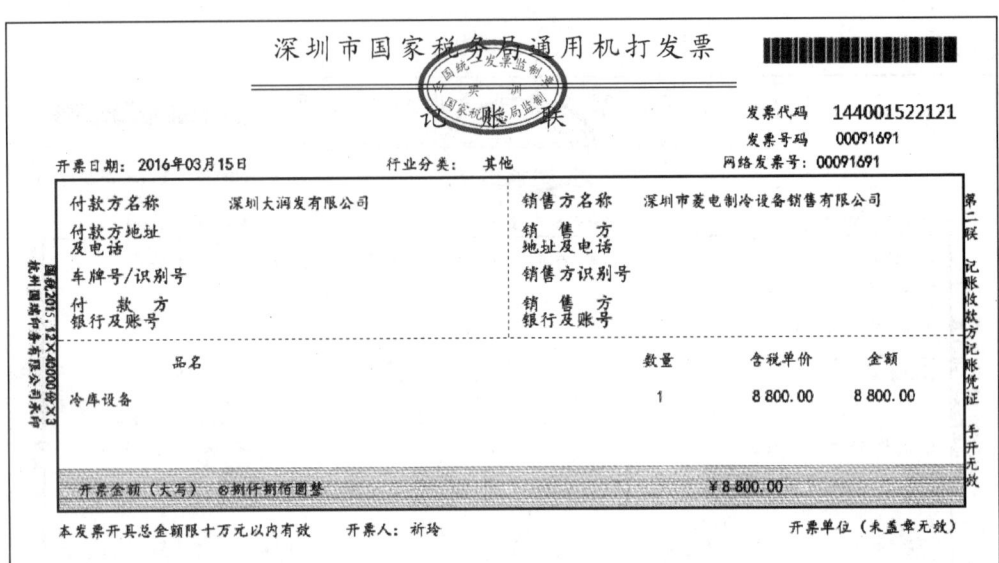

图 2-89 机打发票(17)

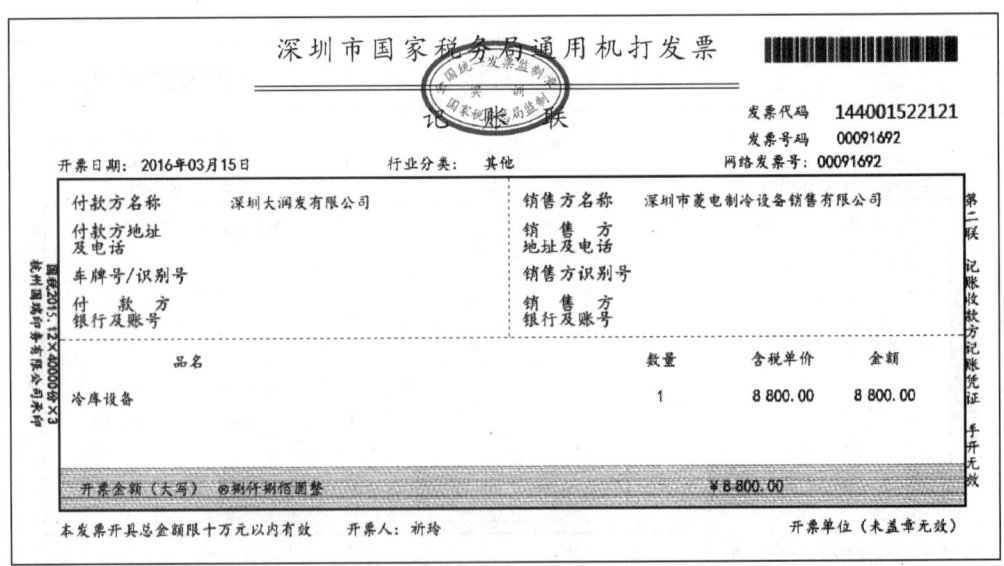

图 2-90 机打发票(18)

(4) 3月20日,销售自己使用过的固定资产收到含税收入3 500.00元。发票如图2-91所示。

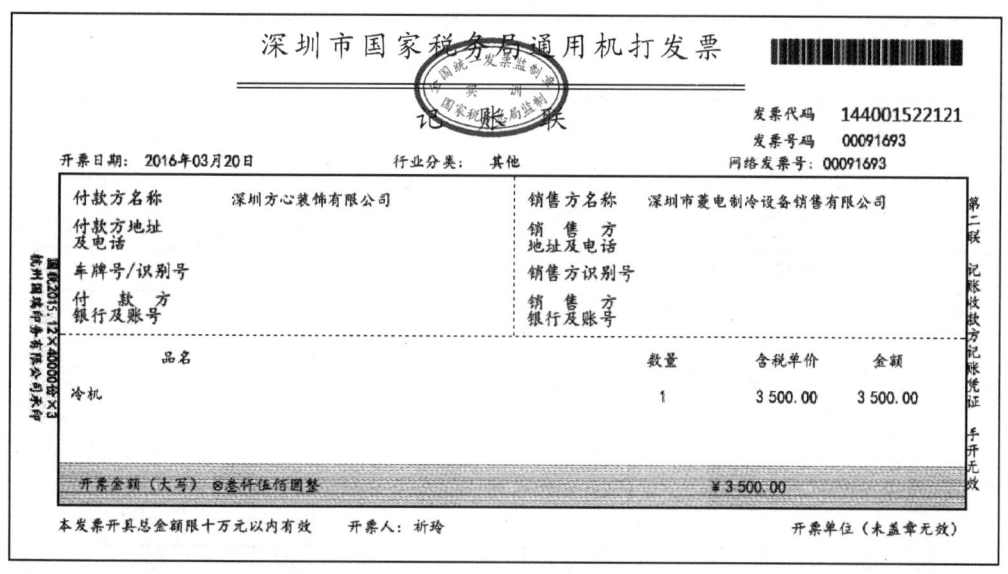

图 2-91　机打发票(19)

(5) 3月21日,购置税控收款机(公司初次购买增值税税控系统专用设备),取得增值税专用发票,如图2-92所示。不含税金额为3 000元,增值税额为510元。

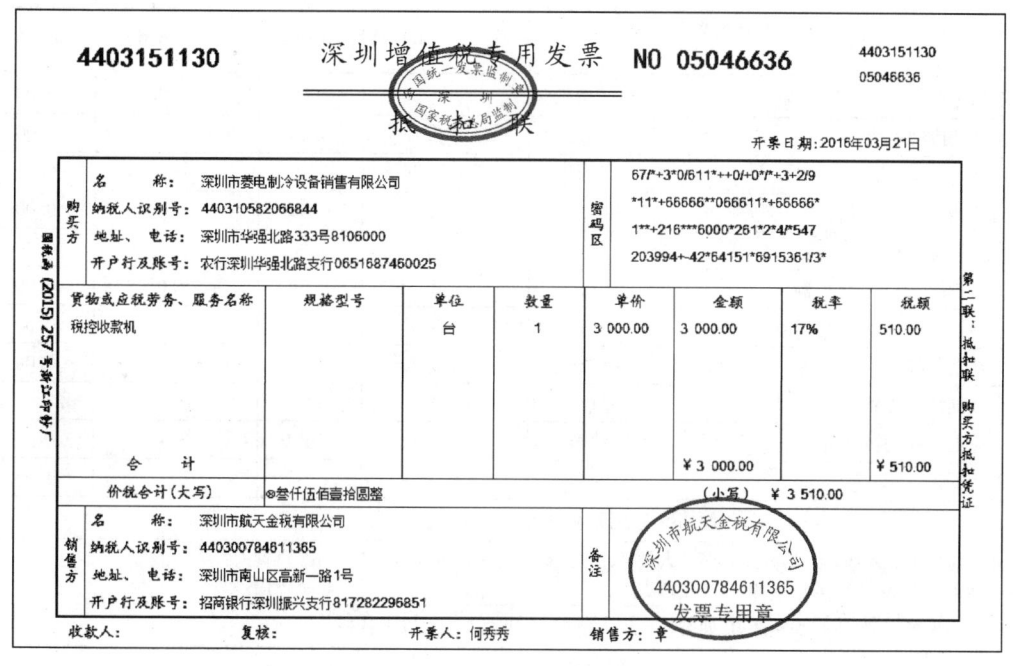

图 2-92　增值税专用发票(57)

（6）2016 年 2 月份纳税申报资料如表 2-32 所示。

表 2-32　增值税纳税申报表（适用小规模纳税人）

纳税人识别号：4 4 0 4 0 6 7 8 9 0 1 2 3 4 5

纳税人名称（公章）：深圳市菱电制冷设备销售有限公司　　　　　　　　金额单位：元（列至角分）

税款所属期：2016 年 02 月 01 日至 2016 年 02 月 29 日　　　　　　　　填表日期：2016 年 03 月 03 日

	项　　目	栏次	本期数		本年累计	
			应税货物及劳务	应税服务	应税货物及劳务	应税服务
一、计税依据	（一）应征增值税不含税销售额	1	52 126.00	0.00	203 126.00	0.00
	税务机关代开的增值税专用发票不含税销售额	2	0.00	0.00	0.00	0.00
	税控器具开具的普通发票不含税销售额	3	0.00	0.00	0.00	0.00
	（二）销售使用过的应税固定资产不含税销售额	4(4≥5)	0.00	—	0.00	—
	其中：税控器具开具的普通发票不含税销售额	5	0.00	—	0.00	—
	（三）免税销售额	6＝7＋8＋9	0.00	0.00	0.00	0.00
	其中：小微企业免税销售额	7	0.00	0.00	0.00	0.00
	未达起征点销售额	8	0.00	0.00	0.00	0.00
	其他免税销售额	9	0.00	0.00	0.00	0.00
	（四）出口免税销售额	10(10≥11)	0.00	0.00	0.00	0.00
	其中：税控器具开具的普通发票销售额	11	0.00	0.00	0.00	0.00
	核定销售额		0.00	0.00	0.00	0.00
二、税款计算	本期应纳税额	12	1 563.78	0.00	6 093.78	0.00
	核定应纳税额		0.00	0.00	0.00	0.00
	本期应纳税额减征额	13	0.00	0.00	0.00	0.00
	本期免税额	14	0.00	0.00	0.00	0.00
	其中：小微企业免税额	15	0.00	0.00	0.00	0.00
	未达起征点免税额	16	0.00	0.00	0.00	0.00
	应纳税额合计	17＝12－13	1 563.78	0.00	6 093.78	0.00
	本期预缴税额	18	0.00	0.00	—	—
	本期应补（退）税额	19＝17－18	1 563.78	0.00	—	—

纳税人或代理人声明：本纳税申报表是根据国家税收法律法规及相关规定填报的，我确定它是真实的、可靠的、完整的。	如纳税人填报，由纳税人填写以下各栏：	
	办税人员：　　　　　　　　　　　财务负责人：	
	法定代表人：　　　　　　　　　　联系电话：	
	如委托代理人填报，由代理人填写以下各栏：	
	代理人名称（公章）：　　　　　　经办人：	
	联系电话：	

主管税务机关：　　　　　　　　接收人：　　　　　　　　　　　　接收日期：

四、V 3.0 增值税小规模纳税人网上申报教学版案例 4

1. 实训目的

（1）熟悉、掌握增值税小规模纳税人纳税申报表填写及申报原理。

（2）熟悉增值税小规模纳税人不含税销售额计算公式及小规模纳税人征收率。

（3）熟悉、掌握《中华人民共和国增值税暂行条例》及其实施细则的基本原理。

2. 填报程序

（1）计算当期不含税销售额。

（2）填写增值税小规模纳税申报表。

（3）报表发送、网上缴税。

（4）申报查询、系统评分,提交实训报告。

知识链接

　　为进一步扶持小微企业发展,财政部、国家税务总局联合发布了进一步支持小微企业缴纳增值税优惠政策,提高了小微企业增值税的起征点,对月销售额 3 万元以下（含本数,下同）的增值税小规模纳税人,免征增值税。

3. 实训材料

　　2016 年 4 月,宏远集团公司发生如下经济业务,请根据下列数据业务所示完成纳税申报实训。

　　（1）出售打印机 A,开具发票如图 2-93 所示。并收到转账支票一张,如图 2-94 所示。

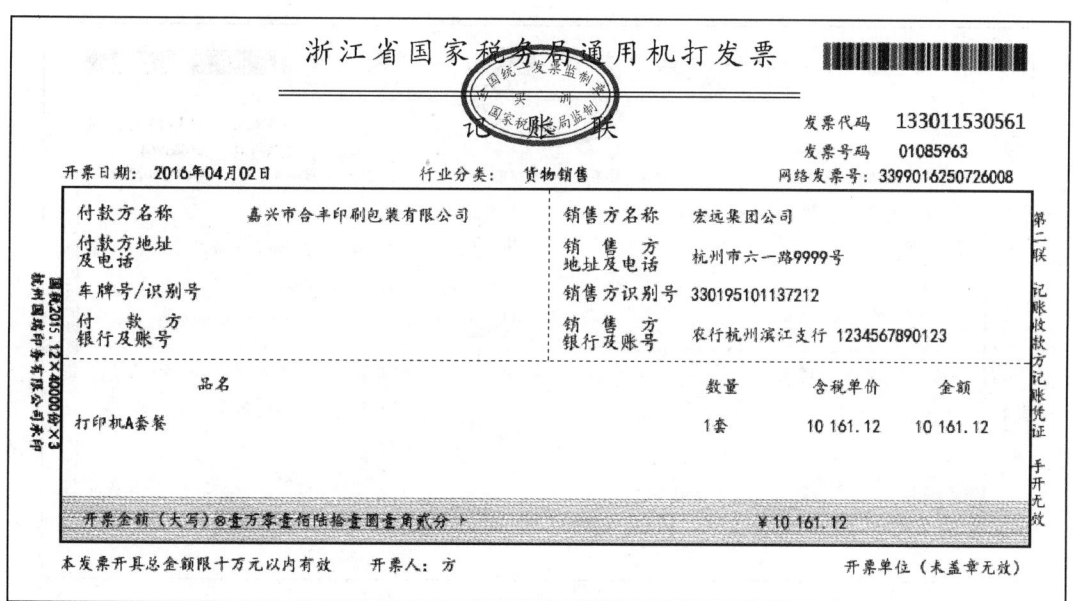

图 2-93　机打发票(20)

税务
Shuiwu
系列教材
Xilie Jiaocai

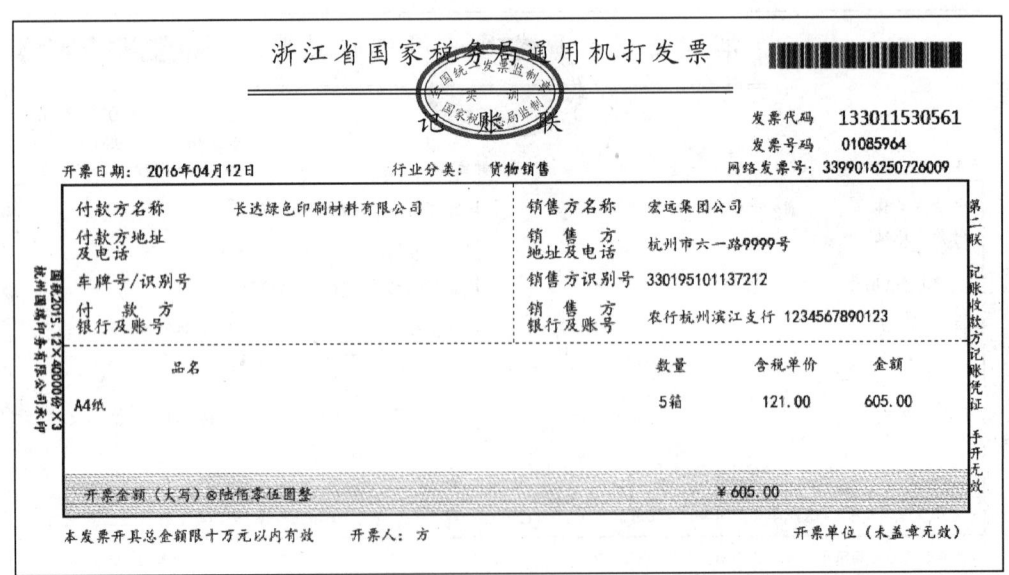

进账单

2016 年 04 月 08 日

出票人	全称	嘉兴市合丰印刷包装有限公司
	账号	1809660321643
	开户银行	农行嘉兴幸福路支行

金额	人民币(小写)	亿 千 百 十 万 千 百 十 元 角 分 ¥ 1 0 1 6 1 1 2

收款人	全称	宏远集团公司
	账号	1234567890123
	开户银行	农行杭州滨江支行　农业银行

票据种类	转账支票	票据张数	1
票据号码	01914832		转讫

图 2-94　进账单

(2) 销售 A4 纸,开具了发票一张以及收据一张,如图 2-95 和图 2-96 所示。

浙江省国家税务局通用机打发票

记账联

发票代码　133011530561
发票号码　01085964
网络发票号：3399016250726009

开票日期: 2016年04月12日　　行业分类: 货物销售

付款方名称	长达绿色印刷材料有限公司	销售方名称	宏远集团公司
付款方地址及电话		销售方地址及电话	杭州市六一路9999号
车牌号/识别号		销售方识别号	330195101137212
付款方银行及账号		销售方银行及账号	农行杭州滨江支行 1234567890123

品名	数量	含税单价	金额
A4纸	5箱	121.00	605.00

开票金额(大写) ⊗陆佰零伍圆整　　　　　　　　　　　¥605.00

本发票开具总金额限十万元以内有效　　开票人: 方　　　　　　开票单位(未盖章无效)

第二联　记账收款方记账凭证　手开无效

图 2-95　机打发票(21)

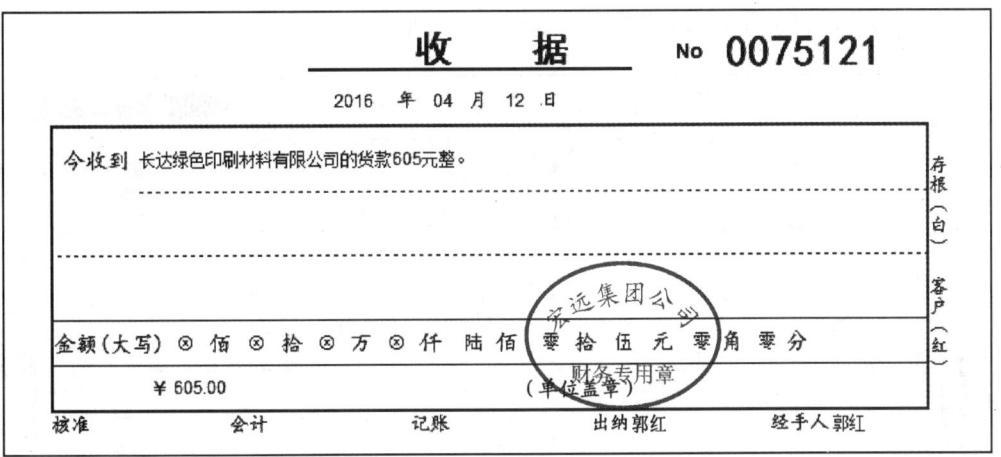

图 2-96　收据(7)

(3) 销售打印机一台，含税单价为 867.00 元。发票和收据如图 2-97 和图 2-98 所示。

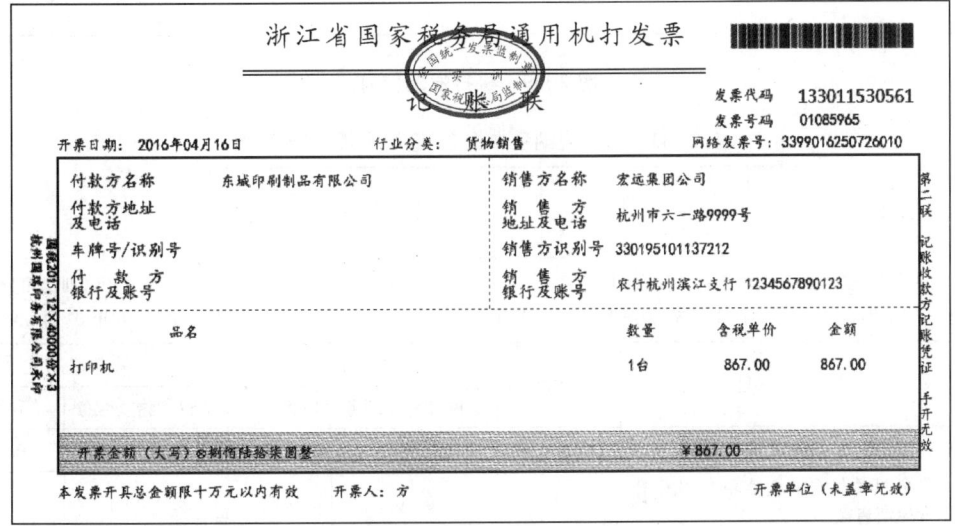

图 2-97　机打发票(22)

收　据　　No 0075122

2016 年 04 月 16 日

今收到 东城印刷制品有限公司的货款867元整。

金额（大写）⊗ 佰 ⊗ 拾 ⊗ 万 ⊗ 仟 捌 佰 陆 拾 柒 元 零 角 零 分

￥ 867.00

核准：　　　会计：　　　记账：　　　出纳:郭红　　　经手人:郭红

存根（白）　客户（红）

图 2-98　收据(8)

（4）销售打印机一批,开具机打发票如图 2-99 所示。

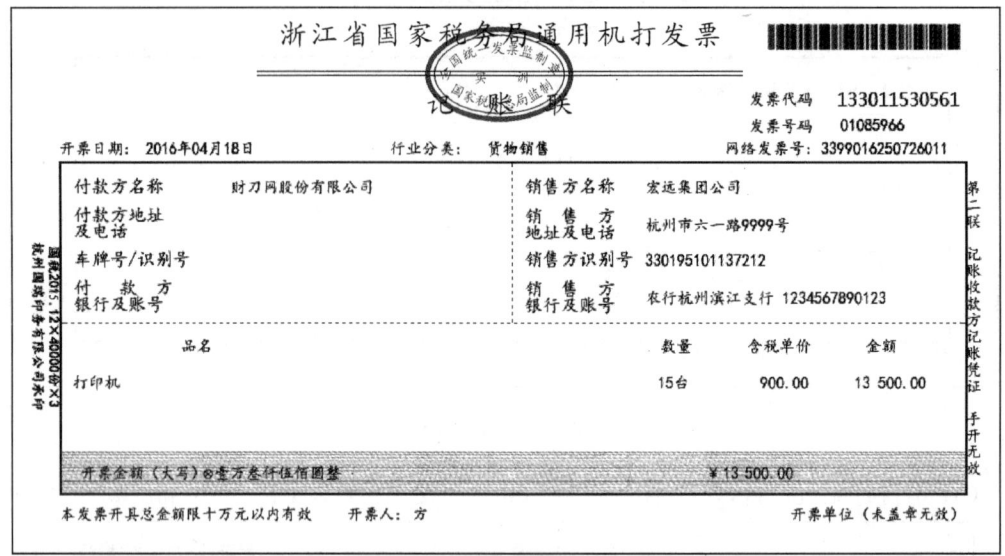

图 2-99　机打发票(23)

表 2-33　增值税纳税申报表(适用小规模纳税人)

纳税人识别号：| 4 | 4 | 0 | 4 | 0 | 6 | 7 | 8 | 9 | 0 | 1 | 2 | 3 | 4 | 5 |

纳税人名称(公章):深圳市宏远集团公司　　　　　　　　　　　　金额单位:元(列至角分)

税款所属期:2016 年 03 月 01 日至 2016 年 03 月 31 日　　　　　填表日期:2016 年 03 月 03 日

	项　目	栏次	本期数		本年累计	
			应税货物及劳务	应税服务	应税货物及劳务	应税服务
一、计税依据	(一)应征增值税不含税销售额	1	52 126.00	0.00	203 126.00	0.00
	税务机关代开的增值税专用发票不含税销售额	2	0.00	0.00	0.00	0.00
	税控器具开具的普通发票不含税销售额	3	0.00	0.00	0.00	0.00
	(二)销售使用过的应税固定资产不含税销售额	4(4≥5)	0.00	—	0.00	—
	其中:税控器具开具的普通发票不含税销售额	5	0.00	—	0.00	—
	(三)免税销售额	6＝7＋8＋9	0.00	0.00	0.00	0.00
	其中:小微企业免税销售额	7	0.00	0.00	0.00	0.00
	未达起征点销售额	8	0.00	0.00	0.00	0.00
	其他免税销售额	9	0.00	0.00	0.00	0.00
	(四)出口免税销售额	10(10≥11)	0.00	0.00	0.00	0.00
	其中:税控器具开具的普通发票销售额	11	0.00	0.00	0.00	0.00
	核定销售额		0.00	0.00	0.00	0.00

（续表）

项　目	栏次	本期数		本年累计	
		应税货物及劳务	应税服务	应税货物及劳务	应税服务
本期应纳税额	12	1 563.78	0.00	6 093.78	0.00
核定应纳税额		0.00	0.00	0.00	0.00
本期应纳税额减征额	13	0.00	0.00	0.00	0.00
本期免税额	14	0.00	0.00	0.00	0.00
其中:小微企业免税额	15	0.00	0.00	0.00	0.00
未达起征点免税额	16	0.00	0.00	0.00	0.00
应纳税额合计	17＝12－13	1 563.78	0.00	6 093.78	0.00
本期预缴税额	18	0.00	0.00	—	—
本期应补(退)税额	19＝17－18	1 563.78	0.00	—	—

（左侧竖排：二、税款计算）

纳税人或代理人声明:本纳税申报表是根据国家税收法律法规及相关规定填报的,我确定它是真实的、可靠的、完整的。	如纳税人填报,由纳税人填写以下各栏:	
	办税人员:	财务负责人:
	法定代表人:	联系电话:
	如委托代理人填报,由代理人填写以下各栏:	
	代理人名称(公章):	经办人:
		联系电话:

主管税务机关:	接收人:	接收日期:

五、V 3.0 增值税小规模纳税人网上申报教学版案例 5

1. 实训目的

(1) 熟悉、掌握增值税小规模纳税人纳税申报表填写及申报原理。

(2) 熟悉增值税小规模纳税人不含税销售额计算公式及小规模纳税人征收率。

(3) 熟悉、掌握《中华人民共和国增值税暂行条例》及其实施细则的基本原理。

2. 填报程序

(1) 计算当期不含税销售额。

(2) 填写增值税小规模纳税申报表。

(3) 报表发送、网上缴税

(4) 申报查询、系统评分,提交实训报告。

3. 实训材料

2016 年 3 月,北京聚鑫商贸有限公司(小规模纳税人)正式开业。2016 年 3 月,该公司发生以下业务:

(1) 3 月 1 日,购进计算器 3 000 台,取得增值税发票上注明的价款为 30 000 元,增值税款为 5 100 元,货款已转账支付,商品已验收入库。发票和入库单如图 2-100 和图 2-101 所示。

北京增值税专用发票　NO 03984981

1100152201

1100103620
03984981

发票联

开票日期：2016年03月01日

				67广*3*0/611*++0/+0*广+3+2/9
购买方	名　　称： 北京聚鑫商贸有限公司			*11*+66666*066611*+66666*
	纳税人识别号： 110108717743469			1**+216***5000*261*2*4广547
	地址、电话： 北京市海淀区上地十街10号百度大厦01059928888			203994+-42*64151*6915361/3*
	开户行及账号： 招商银行北京分行大屯路支行866180196910002		

货物或应税劳务、服务名称	规格型号	单位	数量	单价	金额	税率	税额
计算器		台	3 000	10.00	30 000.00	17%	5 100.00
合　　计					￥30 000.00		￥5 100.00
价税合计（大写）	⊗叁万伍仟壹佰圆整				(小写)￥35 100.00		

销售方	名　　称： 北京百越达商贸有限公司	备注
	纳税人识别号： 110108717743666	
	地址、电话： 北京丰台区日月天地大厦A座1104室	
	开户行及账号： 工行北京分行大屯路支行786180196910002	

收款人： 　　复核： 　　开票人：张立 　　销售方：(章)

图 2-100　增值税专用发票(58)

入库单　　No885250

送货厂商：北京百越达商贸有限公司

物料类别：□ 原材料　☑ 成品　□ 其他　　　2016年　03月　01日

品名/牌号	订单号	规格	数量	单位	单价	金额
计算器			3 000.00	台	11.70	35 100.00

主管：　　　　品管：　　　　仓库：王林　　　　送货人：王强

图 2-101　入库单

（2）3月2日，销售作业本1 000套，取得销售收入25 000元，开具普通发票，如图2-102所示。款项尚未收到。

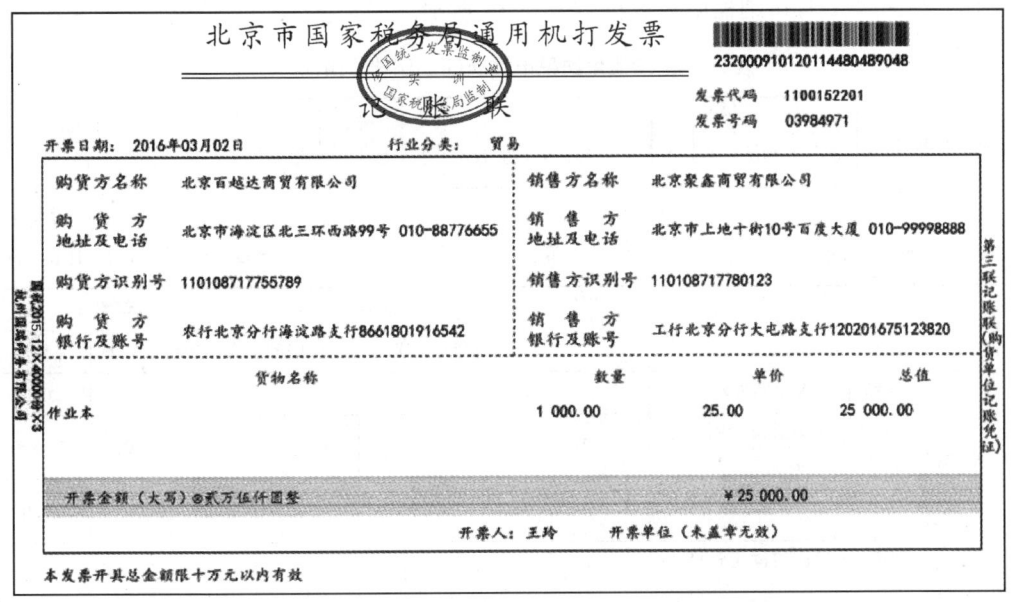

图 2-102　机打发票(24)

(3) 3 月 18 日,销售计算器 600 台,取得销售收入 15 000 元,由税务机关代开增值税专用发票,如图 2-103 所示。款已存入银行。

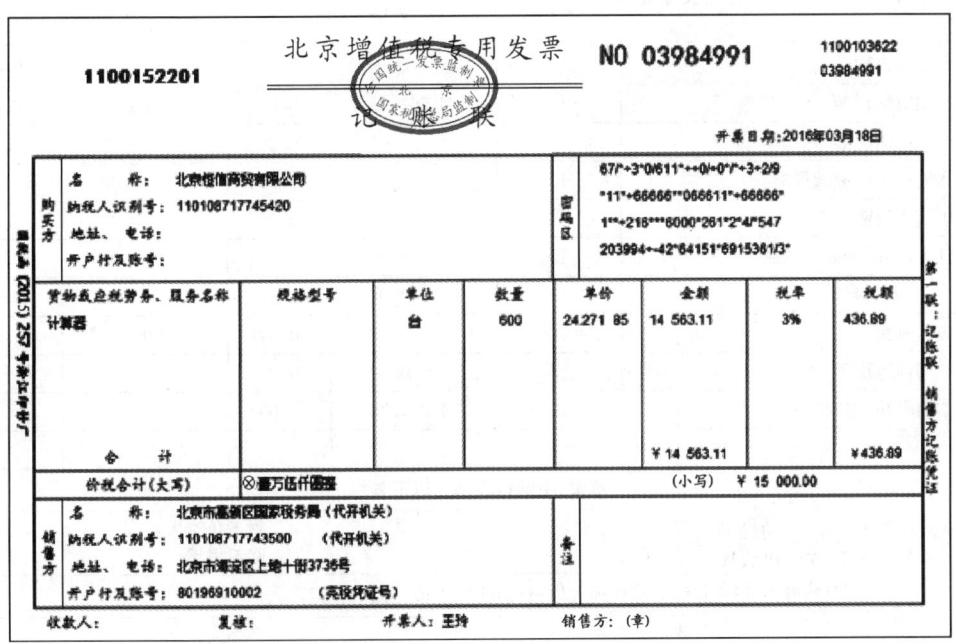

图 2-103　增值税专用发票(59)

（4）2016 年 2 月份纳税申报资料如表 2-34 所示。

表 2-34　增值税纳税申报表（适用小规模纳税人）

纳税人识别号：

4	4	0	4	0	6	7	8	9	0	1	2	3	4	5

纳税人名称（公章）：北京聚鑫商贸有限公司　　　　　　　　　　　　金额单位：元（列至角分）

税款所属期：2016 年 02 月 01 日至 2016 年 02 月 29 日　　　　　　　填表日期：2016 年 03 月 03 日

项　目	栏次	本期数		本年累计	
		应税货物及劳务	应税服务	应税货物及劳务	应税服务
（一）应征增值税不含税销售额	1	52 126.00	0.00	203 126.00	0.00
税务机关代开的增值税专用发票不含税销售额	2	0.00	0.00	0.00	0.00
税控器具开具的普通发票不含税销售额	3	0.00	0.00	0.00	0.00
（二）销售使用过的应税固定资产不含税销售额	4(4≥5)	0.00	—	0.00	—
其中：税控器具开具的普通发票不含税销售额	5	0.00	—	0.00	—
（三）免税销售额	6=7+8+9	0.00	0.00	0.00	0.00
其中：小微企业免税销售额	7	0.00	0.00	0.00	0.00
未达起征点销售额	8	0.00	0.00	0.00	0.00
其他免税销售额	9	0.00	0.00	0.00	0.00
（四）出口免税销售额	10(10≥11)	0.00	0.00	0.00	0.00
其中：税控器具开具的普通发票销售额	11	0.00	0.00	0.00	0.00
核定销售额		0.00	0.00	0.00	0.00
本期应纳税额	12	1 563.78	0.00	6 093.78	0.00
核定应纳税额		0.00	0.00	0.00	0.00
本期应纳税额减征额	13	0.00	0.00	0.00	0.00
本期免税额	14	0.00	0.00	0.00	0.00
其中：小微企业免税额	15	0.00	0.00	0.00	0.00
未达起征点免税额	16	0.00	0.00	0.00	0.00
应纳税额合计	17=12−13	1 563.78	0.00	6 093.78	0.00
本期预缴税额	18	0.00	0.00	—	—
本期应补（退）税额	19=17−18	1 563.78	0.00	—	—

左侧纵排："一、计税依据" "二、税款计算"

纳税人或代理人声明：本纳税申报表是根据国家税收法律法规及相关规定填报的，我确定它是真实的、可靠的、完整的。	如纳税人填报，由纳税人填写以下各栏：	
	办税人员：	财务负责人：
	法定代表人：	联系电话：
	如委托代理人填报，由代理人填写以下各栏：	
	代理人名称（公章）：	经办人： 联系电话：

主管税务机关：　　　　　　　　　接收人：　　　　　　　　　接收日期：

六、V 3.0 增值税小规模纳税人网上申报教学版案例 6

1. 实训目的

(1) 熟悉、掌握增值税小规模纳税人纳税申报表填写及申报原理。

(2) 熟悉增值税小规模纳税人不含税销售额计算公式及小规模纳税人征收率。

(3) 熟悉、掌握《中华人民共和国增值税暂行条例》及其实施细则的基本原理。

2. 填报程序

(1) 计算当期不含税销售额。

(2) 填写增值税小规模纳税申报表。

(3) 报表发送、网上缴税。

(4) 申报查询、系统评分，提交实训报告。

3. 实训材料

××有限公司为增值税小规模纳税人，截至 2016 年 6 月份发生的主要业务如下：

(1) 2016 年 6 月份，实现含税销售收入：35 000.00 元。

(2) 2016 年 6 月 20 日，销售自己使用过的固定资产收到含税收入 8 000.00 元。

(3) 2016 年 6 月 21 日，公司初次购买增值税税控系统专用设备——税控收款机，取得增值税专用发票，不含税金额为 2 564.10 元，税额为 435.90 元。

(4) 2016 年 5 月份，纳税申报资料如表 2-35 所示。

表 2-35 增值税纳税申报表(适用小规模纳税人)

纳税人识别号:														
4	4	0	4	0	6	7	8	9	0	1	2	3	4	5

纳税人名称(公章)：××有限公司　　　　金额单位：元(列至角分)

税款所属期：2016 年 05 月 01 日至 2016 年 05 月 31 日　　　　填表日期：2016 年 03 月 03 日

	项　　目	栏次	本期数		本年累计	
			应税货物及劳务	应税服务	应税货物及劳务	应税服务
一、计税依据	(一) 应征增值税不含税销售额	1	52 126.00	0.00	203 126.00	0.00
	税务机关代开的增值税专用发票不含税销售额	2	0.00	0.00	0.00	0.00
	税控器具开具的普通发票不含税销售额	3	0.00	0.00	0.00	0.00
	(二) 销售使用过的应税固定资产不含税销售额	4(4≥5)	0.00	—	0.00	—
	其中：税控器具开具的普通发票不含税销售额	5	0.00	—	0.00	—
	(三) 免税销售额	6=7+8+9	0.00	0.00	0.00	0.00
	其中：小微企业免税销售额	7	0.00	0.00	0.00	0.00
	未达起征点销售额	8	0.00	0.00	0.00	0.00
	其他免税销售额	9	0.00	0.00	0.00	0.00
	(四) 出口免税销售额	10(10≥11)	0.00	0.00	0.00	0.00
	其中：税控器具开具的普通发票销售额	11	0.00	0.00	0.00	0.00
	核定销售额		0.00	0.00	0.00	0.00

（续表）

项　目	栏次	本期数		本年累计	
		应税货物及劳务	应税服务	应税货物及劳务	应税服务
本期应纳税额	12	1 563.78	0.00	6 093.78	0.00
核定应纳税额		0.00	0.00	0.00	0.00
本期应纳税额减征额	13	0.00	0.00	0.00	0.00
本期免税额	14	0.00	0.00	0.00	0.00
其中：小微企业免税额	15	0.00	0.00	0.00	0.00
未达起征点免税额	16	0.00	0.00	0.00	0.00
应纳税额合计	17＝12－13	1 563.78	0.00	6 093.78	0.00
本期预缴税额	18	0.00	0.00	—	—
本期应补（退）税额	19＝17－18	1 563.78	0.00	—	—

二、税款计算

纳税人或代理人声明：本纳税申报表是根据国家税收法律法规及相关规定填报的，我确定它是真实的、可靠的、完整的。	如纳税人填报，由纳税人填写以下各栏：	
	办税人员： 法定代表人：	财务负责人： 联系电话：
	如委托代理人填报，由代理人填写以下各栏：	
	代理人名称（公章）：	经办人： 联系电话：

主管税务机关：	接收人：	接收日期：

第4节　消费税案例

一、V 3.0 消费税网上申报教学版案例 1

1. 实训目的

（1）熟悉消费税纳税申报流程。

（2）熟悉、掌握烟类消费税申报原理。

（3）掌握消费税申报表及附表的填制。

（4）熟悉、掌握《中华人民共和国消费税暂行条例》及其实施细则的基本原理。

2. 实训程序

（1）回顾应税消费品知识。

（2）填写申报表。

（3）报表发送、网上缴税。

（4）申报查询、系统评分，提交实训报告。

知识链接

卷烟消费税采用复合计征方法。其公式如下：

应纳税额＝应税销售数量×定额税率＋应税销售额×比例税率

应税消费品的销售额＝含增值税的销售额÷(1＋增值税税率或征收率)

生产销售卷烟以从量定额计税依据为实际销售数量。进口、委托加工、自产自用卷烟的从量定额计税依据分别为海关核定的进口征税数量、委托方收回数量、移送使用数量。具体公式如下：

当期准予扣除的外购应税消费品买价＝期初库存的外购应税消费品的买价＋当期购进的应税消费品的买价－期末库存的外购应税消费品的买价

当期准予扣除的外购应税消费品已纳税款＝当期准予扣除的外购应税消费品买价×外购应税消费品适用税率

烟产品消费税税目税率如表 2-36 所示。

表 2-36　烟产品消费税税目税率表

税　　目	税率	征收环节
烟		
1. 卷烟		
工业		
(1) 甲类卷烟	56%加 0.003 元/支	生产环节
[调拨价 70 元(不含增值税)/条以上(含 70 元)]		
(2) 乙类卷烟	36%加 0.003 元/支	生产环节
[调拨价 70 元(不含增值税)/条以下]		
商业批发	5%	批发环节
2. 雪茄	36%	生产环节
3. 烟丝	30%	生产环节

3. 实训资料

参加实训的人员根据下面提供的案例数据，进行模拟的消费税网上申报。

(1) 乙公司(增值税一般纳税人)主营烟类产品的生产销售，2016 年 4 月份的基础信息如下：期初库存外购烟丝买价 50 万元，当期购进烟丝买价 120 万元，期末库存外购烟丝买价 40 万元。

(2) 本月生产销售情况，如表 2-37 所示。

表 2-37　本月生产销售情况汇总统计表(备注：1 万支烟＝50 条烟)

商品名称	产量(万支)	单价(不含增值税)(元/条)	销量(条)	销售额(不含增值税)(元)
卷烟 A	30	350	1 500	525 000
卷烟 B	98	65	4 900	318 500

(3) 2016 年 4 月,期初未缴税额 7 983.50 元,在本期补缴。

将纳税申报表填写完整保存后,在"发送报表"中将已经保存成功的报表上报税务机关,通过"申报查询"功能将已报送成功的报表打印出来留存备查。企业如当月申报有税款的可通过"网上缴税"申请网上扣缴税款。

二、V 3.0 消费税网上申报教学版案例 2

1. 实训目的

(1) 熟悉、掌握酒及酒精消费税纳税申报表。

(2) 熟悉、掌握酒及酒精消费税纳税申报原理。

(3) 熟悉、掌握《中华人民共和国消费税暂行条例》及其实施细则的基本原理。

2. 填报流程

(1) 回顾应税消费品知识。

(2) 填写申报表。

(3) 报表发送、网上缴税。

(4) 申报查询、系统评分,提交实训报告。

知识链接

(1) 酒类产品中的粮食白酒和薯类白酒采用从量定额和从价定率的混合计税方法。自 2006 年 4 月 1 日起,定额税率为每斤(500 克,下同)0.5 元。比例税率,粮食白酒为 20%,薯类白酒为 20%。具体计算公式如下:

$$应纳税额 = 销售数量 \times 单位税额 + 销售额 \times 比例税率$$

从量定额税的计量单位按实际销售商品重量确定,如果实际销售商品是按体积标注计量单位的,应按 500 毫升为 1 斤换算,不得按酒度折算。

(2) 对酒类产品中的黄酒和啤酒实行从量定额的计税方法。黄酒的定额税率为 240 元/吨;啤酒实行分段的定额税率,每吨啤酒出厂价格(含包装物及包装物押金)在 3 000 元(含 3 000 元,不含增值税)以上的,单位税额为 250 元/吨;每吨啤酒出厂价格在 3 000 元(不含增值税)以下的,单位税额为 220 元/吨;娱乐业、商业、饮食业自制啤酒,单位税额为 250 元/吨。具体计算公式如下:

$$应纳税额 = 销售数量 \times 单位税额$$

(3) 对其他酒和酒精实行从价定率的比例税率,税率分别为 10% 和 5%。具体计算公式如下:

$$应纳税额 = 销售额 \times 比例税率$$

(4) 应税消费税在缴纳消费税的同时,与一般货物一样,还应缴纳增值税。按照《中华人民共和国消费税暂行条例实施细则》的规定,应税消费品的销售额,不包括应向购货方收取的增值税税款。如果纳税人应税消费品的销售额中未扣除增值税税款或者因不得开具增值税专用发票而发生的价款和增值税税款合并收取的,在计算消费税时,应将含增值税销售额换算为不含增值税税款的销售额。其换算公式如下:

（续上）

> 应税消费品的销售额＝含增值税的销售额÷(1＋增值税税率或征收率)

在使用换算公式时，应根据纳税人的具体情况分别适用增值税税率或征收率。如果消费税的纳税人同时又是增值税一般纳税人的，应适用17％的增值税税率；如果消费税的纳税人是增值税的小规模纳税人的，应适用3％的征收率。

3. 实训资料

宏远集团公司为增值税一般纳税人，主要经营商品零售、销售各类酒及酒精制品。2016年5月发生如下经济业务：

（1）销售瓶装粮食白酒20 000斤，开具增值税专用发票，如图2-104所示。取得销售收入39.78万元，托收凭证如图2-105所示。

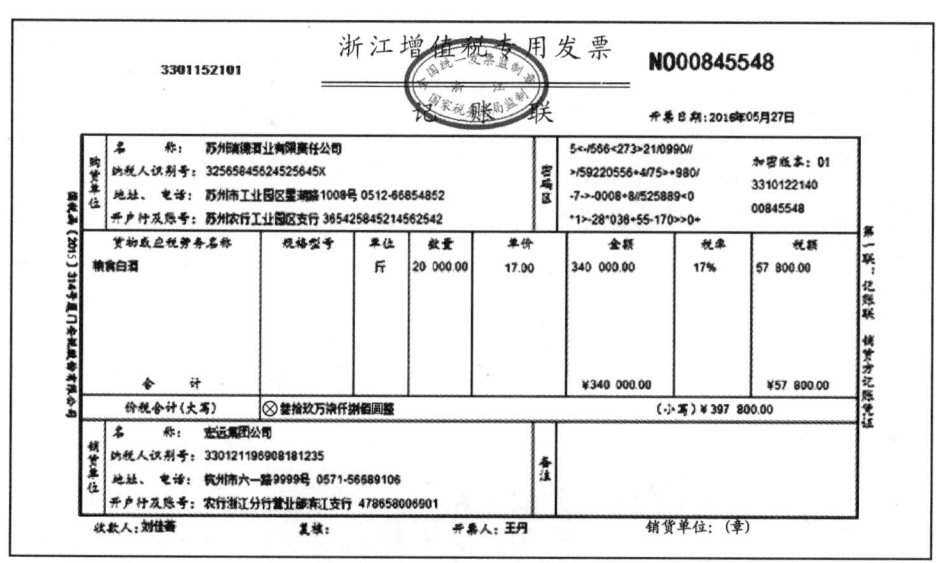

图2-104　增值税专用发票(60)

图2-105　托收凭证

（2）销售散装薯类白酒 20 000 斤，开具增值税普通发票，如图 2-106 所示。取得销售收入 24.57 万元，支票存根如图 2-107 所示。

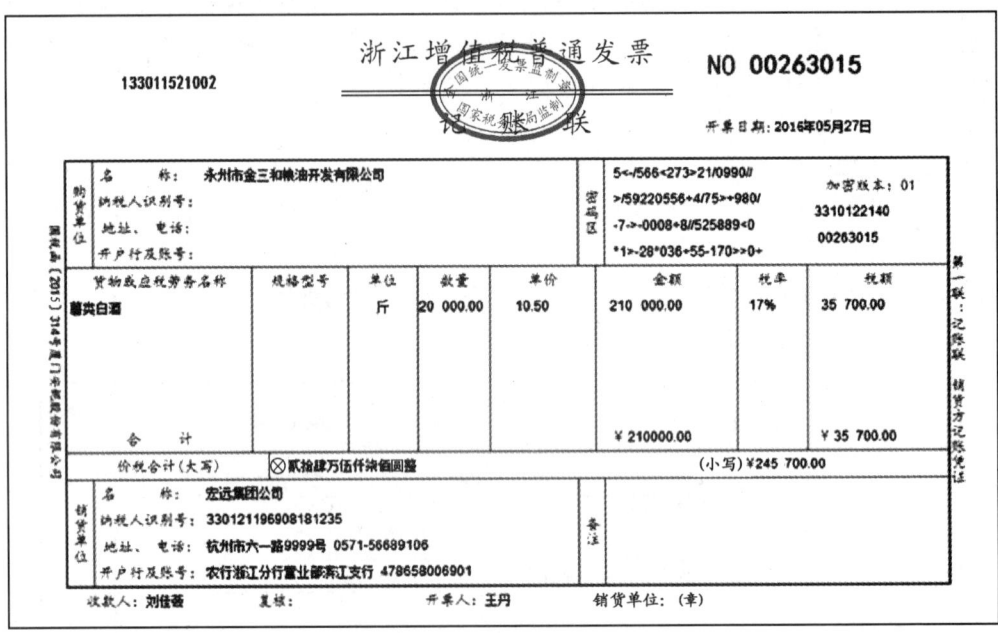

图 2-106　增值税普通发票(6)

（3）将一批 10 000 斤的红酒发给职工作为福利，该产品市场售价为 2 万元（不含增值税），实际成本为 1.4 万元。

图 2-107　转账支票

（4）2014年4月份纳税申报主表如表2-38所示。

表2-38　酒类消费税纳税申报表

税款所属期：2016 年 04 月 01 日 至 2016 年 04 月 30 日

纳税人名称（公章）：宏远集团公司　　纳税人识别号：330121196908181235

填表日期：2016 年 05 月 09 日　　　　　　　　　　　　金额单位：元（列至角分）

应税项目 消费品名称	适用税率		销售数量	销售额	应纳税额
	定额税率	比例税率			
粮食白酒	0.5 元/斤	20%			
薯类白酒	0.5 元/斤	20%			
啤酒	250 元/吨	—			
啤酒	220 元/吨	—			
黄酒	240 元/吨	—			
其他酒	—	10%	956.00	1 695 803.10	169 580.31
合　计	—	—	—		169 580.31

声　明

本期准予抵减税额：26 916.59

本期减（免）税额：

期初未缴税额：105 276.26

本期缴纳前期应纳税额：105 276.26

本期预缴税额：

本期应补（退）税额：169 580.31

期末未缴税额：169 580.31

此纳税申报表是根据国家税收法律的规定填报的,我确定它是真实的、可靠的、完整的。
　　经办人（签章）：
　　财务负责人（签章）：
　　联系电话：

（如果你已委托代理人申报,请填写）
授权声明
　　为代理一切税务事宜,现授权＿＿＿＿＿＿（地址）＿＿＿＿＿为本纳税人的代理申报人,任何与本申报表有关的往来文件,都可寄予此人。
　　授权人签章：

以下由税务机关填写

受理人（签章）：　　　　受理日期：　年　月　日　　　受理税务机关（章）：

　　根据以上案例资料,将纳税申报表填写完整保存后,在"发送报表"中将已经保存成功的报表上报税务机关,通过"申报查询"功能将已报送成功的报表打印出来留存备查。企业如当月申报有税款的可通过"网上缴税"申请网上扣缴税款。

三、V 3.0 消费税网上申报教学版案例 3

1. 实训目的

（1）熟悉消费税纳税申报流程。

（2）熟悉、掌握小汽车消费税申报原理。

（3）掌握消费税申报表及附表的填制。

（4）熟悉、掌握《中华人民共和国消费税暂行条例》及其实施细则的基本原理。

2. 实训程序

（1）回顾应税消费品知识。

（2）填写申报表。

（3）报表发送、网上缴税。

（4）申报查询、系统评分,提交实训报告。

知识链接

小汽车应纳税额计算公式如下：

小汽车消费税＝应税销售额×适用税率

1）应税销售额的确定。

（1）销售额为纳税人销售应税消费品向购买方收取的全部价款和价外费用。其中代垫运费除外，代垫运费必须满足以下两个条件：一是承运部门的运费发票开具给购货方；二是纳税人将该项发票转交给购货方。其他价外费用，无论是否属于纳税人的收入，均应并入销售额计算征税。销售小汽车收取的包装物押金如果单独核算又未过期的，可以不并入应税消费品销售额中征税。但对逾期未收回的包装物不再退还的或已收取1年以上的押金，应并入应税消费品销售额中，按照应税消费品的适用税率征收消费税。

（2）应纳消费品的销售额＝含增值税的销售额÷（1＋增值税税率或征收率）

2）适用税率如表2-39所示。

表2-39 小汽车应税税率

应税消费品名称	项 目	适用税率
乘用车	汽缸容量≤1.0升	1%
	1.0升＜汽缸容量≤1.5升	3%
	1.5升＜汽缸容量≤2.0升	5%
	2.0升＜汽缸容量≤2.5升	9%
	2.5升＜汽缸容量≤3.0升	12%
	3.0升＜汽缸容量≤4.0升	25%
	汽缸容量＞4.0升	40%
中轻型商用客车		5%

3. 实训资料

东风汽车厂（增值税一般纳税人）主营小汽车的生产与销售，且落实"零库存"生产销售经营策略，生产数量与销售数量一致。2016年4月，东风汽车厂的经营业务如下：

（1）向人民出租汽车公司售出25辆自产乘用车，发票如图2-108所示。

（2）向南方车业经销公司售出10辆自产乘用车，发票如图2-109所示。

（3）向浙江蓝天客运公司售出2辆自产中轻型商用客车，发票如图2-110所示。

（4）将委托万能汽车制造公司加工的3辆汽车收回，入库单如图2-111所示。该3辆汽车直接销售给南方车业经销公司，发票如图2-112所示。

2016年4月，东风汽车厂的其他涉税信息如下：

（1）将1辆自产乘用车移送厂长室给厂长使用，该同类乘用车不含增值税的销售价格为180 000元，生产成本为140 000元。出库单如图2-113所示。

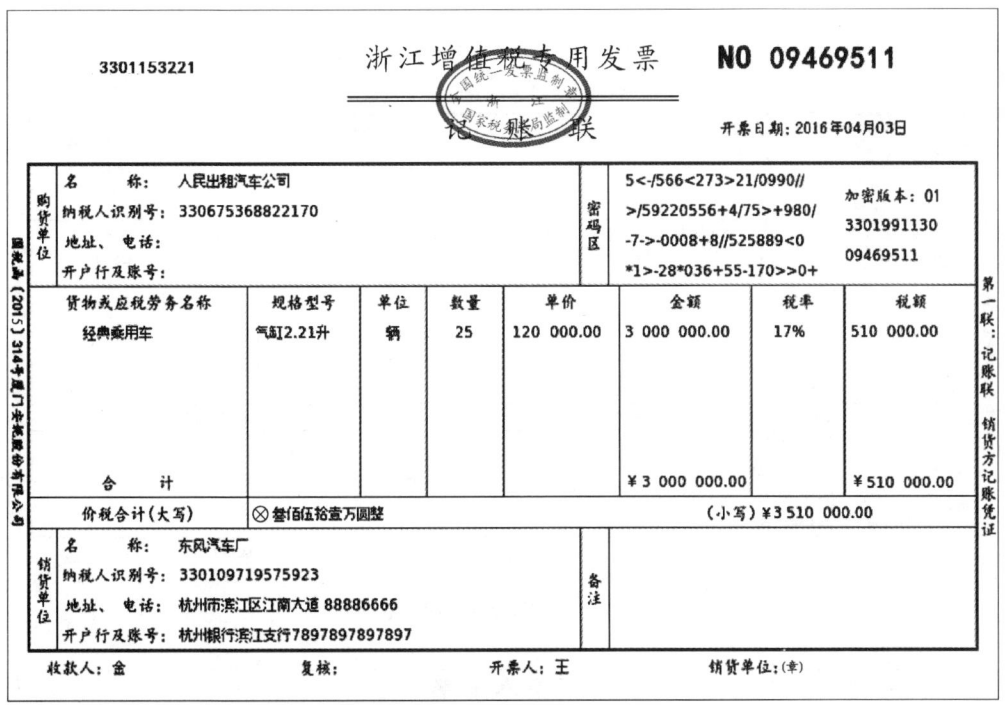

图 2-108 增值税专用发票(61)

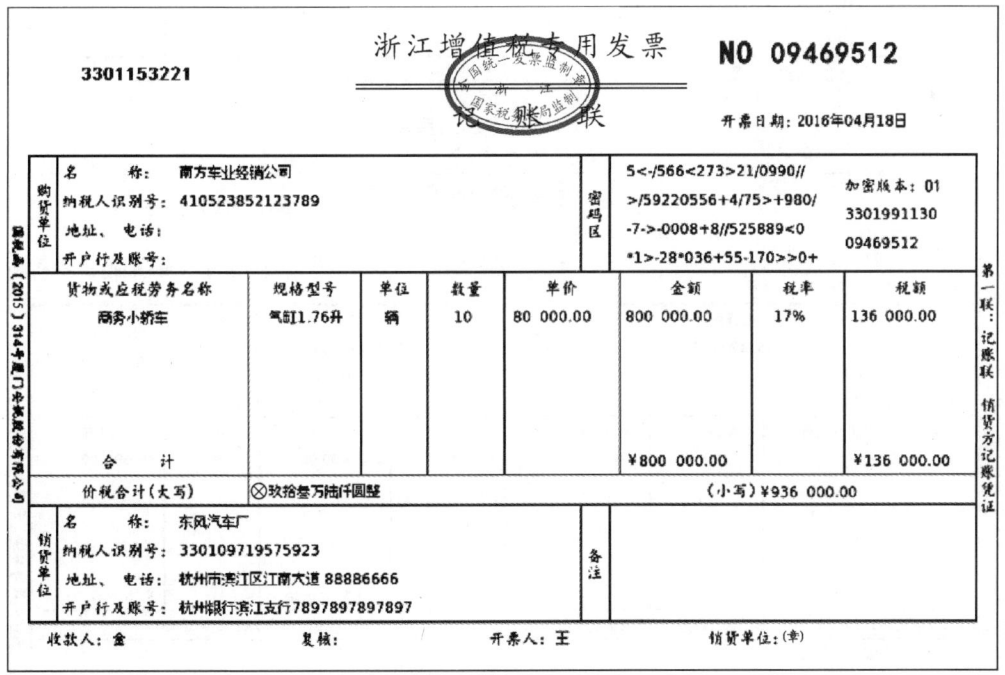

图 2-109 增值税专用发票(62)

浙江增值税专用发票　　NO 09469513

3301153221

开票日期：2016年04月21日

购货单位	名　　称：浙江蓝天客运公司 纳税人识别号：331084597538977 地址、电话： 开户行及账号：					密码区	5<-/566<273>21/0990// >/59220556+4/75>+980/ -7->-0008+8//525889<0 *1>-28*036+55-170>>0+	加密版本：01 3301991130 09469513
货物或应税劳务名称	**规格型号**	**单位**	**数量**	**单价**	**金额**	**税率**		**税额**
中轻型客用客车		辆	2	102 000.00	204 000.00	17%		34 680.00
					¥204 000.00			¥34 680.00
合　　计								
价税合计（大写）		⊗贰拾叁万捌仟陆佰捌拾圆整				（小写）¥238 680.00		
销货单位	名　　称：东风汽车厂 纳税人识别号：330109719575923 地址、电话：杭州市滨江区江南大道 88886666 开户行及账号：杭州银行滨江支行7897897897897					备注		

收款人：金　　复核：　　开票人：王　　销货单位：（章）

图 2-110　增值税专用发票(63)

产品入库单

2016 年 04 月 27 日

产品编号	产品名称	计量单位	实收数量	单位成本	总成本	备注
委托加工收回001	迷你轿车-汽缸0.9升	辆	3	41 000.00	123 000.00	万能汽车制造公司

主管：　　保管：　　交库：万能　　会计：东会计

图 2-111　产品入库单

浙江增值税专用发票　　NO 09469514

3301153221

开票日期：2016年04月28日

购货单位	名　　称：南方车业经销公司 纳税人识别号：410523852123789 地址、电话： 开户行及账号：					密码区	5<-/566<273>21/0990// >/59220556+4/75>+980/ -7->-0008+8//525889<0 *1>-28*036+55-170>>0+	加密版本：01 3301991130 09469514
货物或应税劳务名称	**规格型号**	**单位**	**数量**	**单价**	**金额**	**税率**		**税额**
迷你轿车	汽缸0.9升	辆	3	50 200.00	150 600.00	17%		25 602.00
					¥150 600.00			¥25 602.00
合　　计								
价税合计（大写）		⊗壹拾柒万陆仟贰佰零贰圆整				（小写）¥176 202.00		
销货单位	名　　称：东风汽车厂 纳税人识别号：330109719575923 地址、电话：杭州市滨江区江南大道 88886666 开户行及账号：杭州银行滨江支行7897897897897					备注		

收款人：金　　复核：　　开票人：王　　销货单位：（章）

图 2-112　增值税专用发票(64)

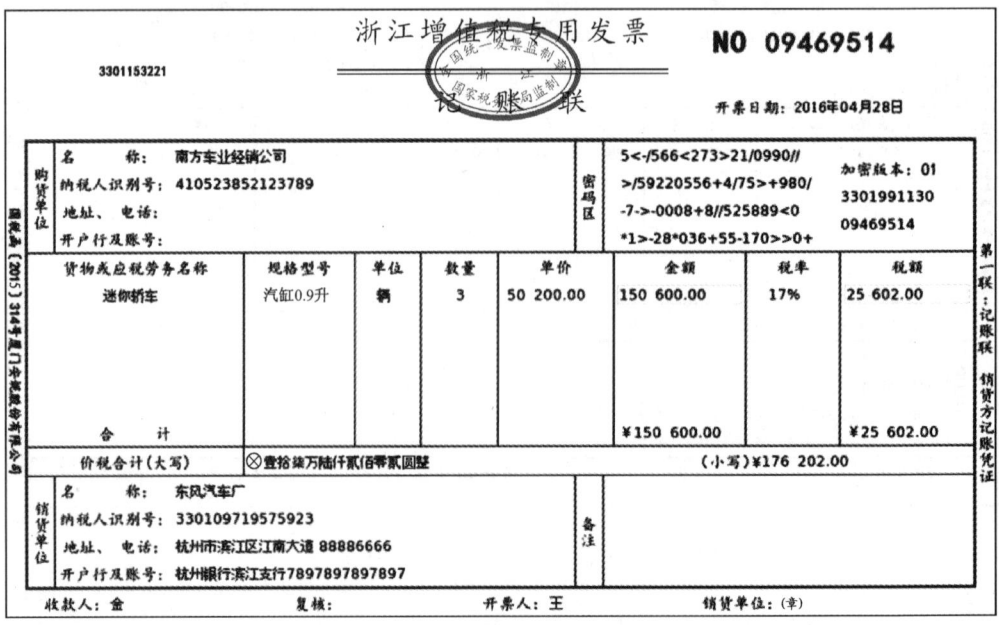

出库单   **No 101101**

会计部门编号 1011
仓库部门编号 1011

2016 年 04 月 07 日

编号	名称	规格	单位	出库数量	单价	金额	备注
01	商务版乘用车	汽缸3升	辆	1	成本14万;售18万	成本14万;售18万	售价不含税
					生产成本	¥140 000.00	
合　计					售(不含增值税)	¥180 000.00	

生产车间或部门:11号车间   仓库管理员:林工

第二联交财务部

图 2-113　出库单(2)

(2) 2016 年 3 月,期末未缴税额 205 132.00 元,于本期申报缴纳。

根据以上案例资料,将纳税申报表填写完整保存后,在"发送报表"中将已经保存成功的报表上报税务机关,通过"申报查询"功能将已报送成功的报表打印出来留存备查。企业如当月申报有税款的可通过"网上缴税"申请网上扣缴税款。

四、V 3.0 消费税网上申报教学版案例 4

1. 实训目的

(1) 熟悉消费税纳税申报流程。

(2) 熟悉、掌握成品油消费税申报原理。

(3) 掌握消费税申报表及附表的填制。

(4) 熟悉、掌握《中华人民共和国消费税暂行条例》及其实施细则的基本原理。

2. 实训程序

(1) 回顾应税消费品知识。

(2) 填写申报表。

(3) 报表发送、网上缴税。

(4) 申报查询、系统评分,提交实训报告。

知识链接

成品油应纳税额计算公式如下:

$$成品油消费税＝销售数量×单位税额$$

1. 销售数量的确定

(1) 销售应税消费品的,为应税消费品的销售数量。

(2) 自产自用应税消费品的,为应税消费品的移送使用数量。

(3) 委托加工应税消费品的,为纳税人收回的应税消费品数量。

(4) 进口的应税消费品,为海关核定的应税消费品进口征税数量。

2. 单位税额

(1) 汽油、石脑油、溶剂油和润滑油的消费税单位税额为 1.52 元/升。

(2) 柴油、航空煤油和燃料油的消费税单位税额为 1.2 元/升。航空煤油暂缓征收。

3. 实训资料

参加实训的学生根据下面提供的案例数据，进行模拟的消费税网上申报。

（1）中国石化公司 2016 年 4 月销售业务如图 2-114、图 2-115 和图 2-116 所示。

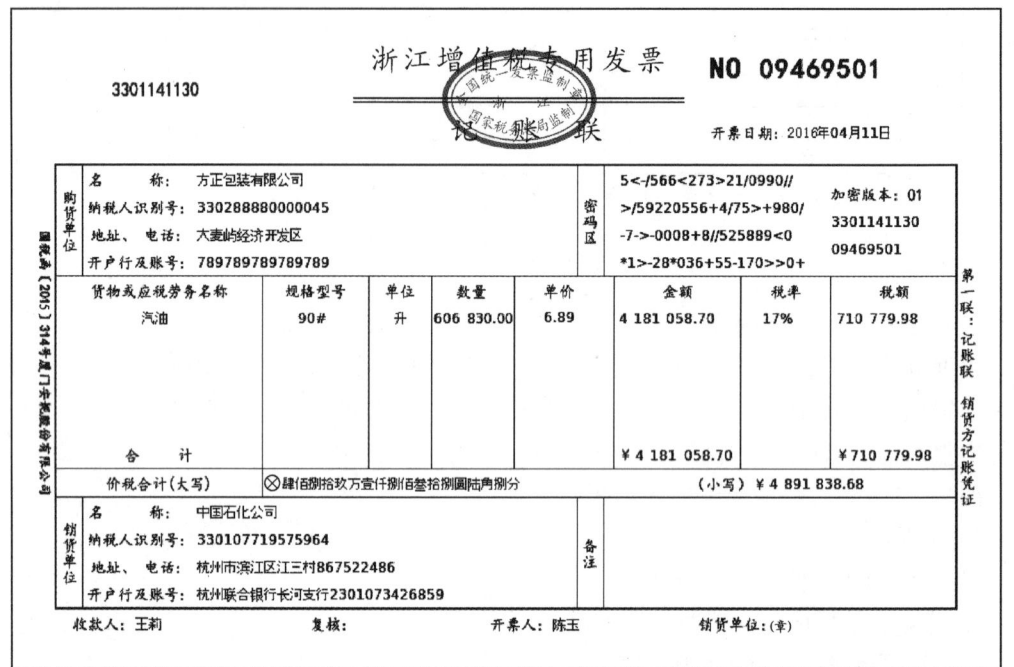

图 2-114　增值税专用发票(65)

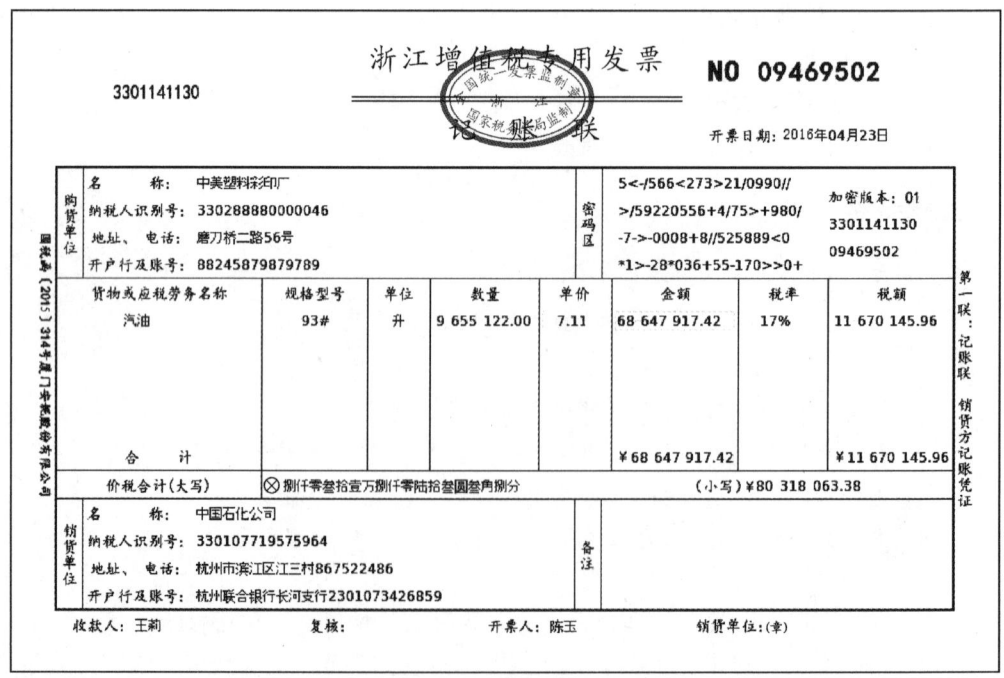

图 2-115　增值税专用发票(66)

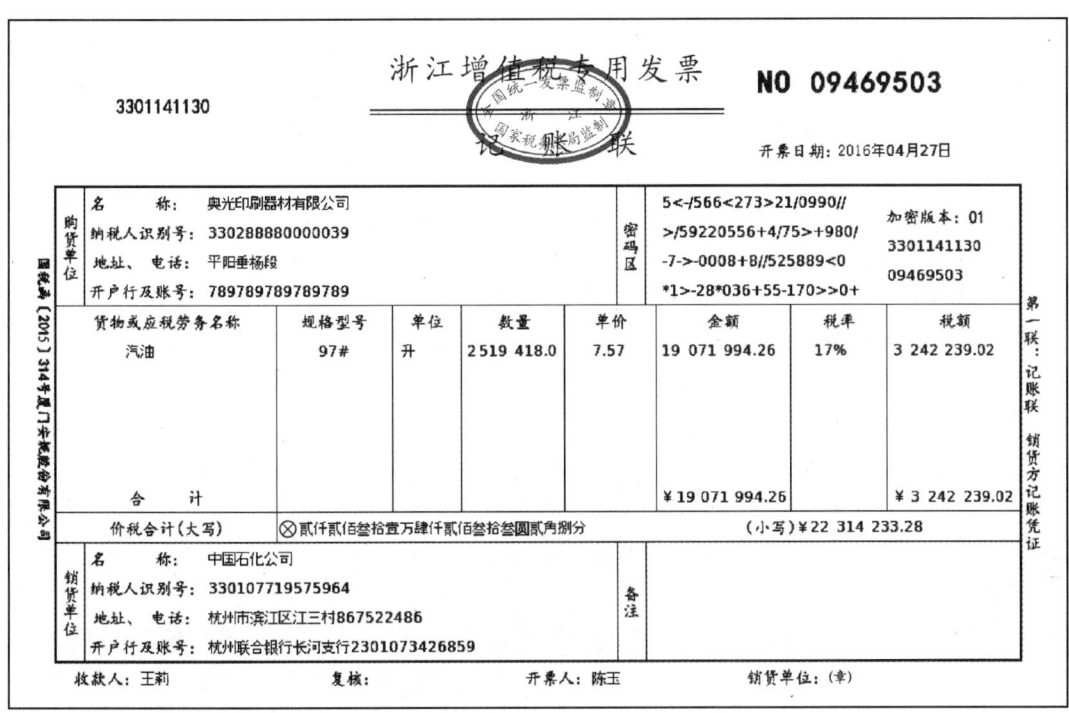

图 2-116　增值税专用发票(67)

（2）中国石化公司的其他涉税业务及信息数据：①中国石化公司与桥南柴油经销公司长期合作，4月6日完成一笔1 000 000升的柴油购入，并于6日当天全部领用，用于连续生产。②2016年4月期初留抵的消费税税额为986 357.19元。

根据以上案例资料，将纳税申报表填写完整保存后，在"发送报表"中将已经保存成功的报表上报税务机关，通过"申报查询"功能将已报送成功的报表打印出来留存备查。企业如当月申报有税款的可通过"网上缴税"申请网上扣缴税款。

五、V 3.0 消费税网上申报教学版案例5

1. 实训目的

（1）熟悉、掌握卷烟消费税纳税申报表（批发）填制。

（2）熟悉、掌握卷烟消费税纳税申报表（批发）纳税申报原理。

（3）熟悉、掌握《中华人民共和国消费税暂行条例》及其实施细则的基本原理。

（4）该纳税申报表限批发卷烟的消费税纳税人使用。

2. 填报流程

（1）回顾应税消费品知识。

（2）填写申报表。

（3）报表发送、网上缴税。

（4）申报查询、系统评分，提交实训报告。

知识链接

财税〔2009〕84 号《关于调整烟产品消费税政策的通知》第二条,规定在卷烟批发环节加征一道从价税:

(1) 纳税义务人:在中华人民共和国境内从事卷烟批发业务的单位和个人。

(2) 征收范围:纳税人批发销售的所有牌号规格的卷烟。

(3) 计税依据:纳税人批发卷烟的销售额(不含增值税)。

(4) 纳税人应将卷烟销售额与其他商品销售额分开核算,未分开核算的,一并征收消费税。

(5) 适用税率:卷烟批发环节从价税税率由 5% 提高至 11%,并按 0.005 元/支加征从量税。(财税〔2015〕60 号)

(6) 纳税人销售给纳税人以外的单位和个人的卷烟于销售时纳税。纳税人之间销售的卷烟不缴纳消费税。

(7) 纳税义务发生时间:纳税人收讫销售款或者取得索取销售款凭据的当天。

(8) 纳税地点:卷烟批发企业的机构所在地,总机构与分支机构不在同一地区的,由总机构申报纳税。

(9) 卷烟消费税在生产和批发两个环节征收后,批发企业在计算纳税时不得扣除已含的生产环节的消费税税款。(详情请参阅税务实训平台里的"藏经阁")

3. 实训资料

A 卷烟批发企业系增值税一般纳税人,主营业务为:卷烟批发。税务机关为其核定的纳税期限为 1 个月。

该厂 2016 年 5 月未缴的消费税 230 000.00 元在本月补缴。

2016 年 6 月 13 日,以直接收款方式销售卷烟 50 标准箱,即 12 500 条(250 万支)烟,开具增值税普通发票,每条含税售价 120 元。具体如表 2-40 所示。

表 2-40　销售卷烟资料

条码	规格	类别	类型	销售价格	销量	含税销售额
1234567890123	卷烟 001	一类卷烟	国产卷烟	120 元/条	250 万支	150 万元

请根据以上资料计算 A 卷烟批发企业 2015 年 6 月应纳消费税额并完成卷烟消费税纳税申报表(批发)纳税申报工作。

六、V 3.0 消费税网上申报教学版案例 6

1. 实训目的

(1) 熟悉消费税纳税申报流程。

(2) 熟悉、掌握电池消费税申报原理。

(3) 掌握消费税申报表及附表的填制。

(4) 熟悉、掌握《中华人民共和国消费税暂行条例》及其实施细则的基本原理。

2. 实训程序

(1) 回顾应税消费品知识。

（2）填写申报表。

（3）报表发送、网上缴税。

（4）申报查询、系统评分，提交实训报告。

知识链接

财税〔2015〕16 号文件规定，自 2015 年 2 月 1 日起，在中华人民共和国境内生产、委托加工和进口电池消费品的单位和个人，应当依法缴纳消费税，其适用税率均为 4%。但在 2015 年 12 月 31 日前，对铅蓄电池缓征消费税，自 2016 年 1 月 1 日起，对铅蓄电池再按 4% 税率征收消费税。与此同时，对无汞原电池、金属氢化物镍蓄电池（又称"氢镍蓄电池"或"镍氢蓄电池"）、锂原电池、锂离子蓄电池、太阳能电池、燃料电池和全钒液流电池免征消费税。应纳税额计算公式如下：

电池消费税＝应税销售额×适用税率

其中，应税销售额＝含增值税的销售额÷（1＋增值税税率或征收率），适用税率为 4%。

3. 实训资料

衡信电源有限公司为增值税一般纳税人，主要从事锂、磷酸亚铁锂等电池生产销售业务。2016 年 6 月，生产销售的电池业务情况如下：

（1）6 月 12 日，向浙江电子产品检验所销售一批自主生产的原电池，取得不含税收入 58 267 元（其中，无汞原电池 19 975 元，锂原电池 14 352 元）。发票如图 2-117 所示。

（2）6 月 20 日，向杭州万达文化有限公司销售一批自主生产的太阳能电池，取得不含税收入 19 981 元。发票如图 2-118 所示。

（3）6 月 24 日，向上海湘中印刷有限公司销售一批自主生产的燃料电池，取得不含税收入 29 795 元。

根据以上案例资料，将纳税申报表填写完整保存后，在"发送报表"中将已经保存成功的报表上报税务机关，通过"申报查询"功能将已报送成功的报表打印出来留存备查。企业如当月申报有税款的可通过"网上缴税"申请网上扣缴税款。

七、V 3.0 消费税网上申报教学版案例 7

1. 实训目的

（1）熟悉消费税纳税申报流程。

（2）熟悉、掌握涂料消费税申报原理。

（3）掌握消费税申报表及附表的填制。

（4）熟悉、掌握《中华人民共和国消费税暂行条例》及其实施细则的基本原理。

2. 实训程序

（1）回顾应税消费品知识。

（2）填写申报表。

（3）报表发送、网上缴税。

（4）申报查询、系统评分，提交实训报告。

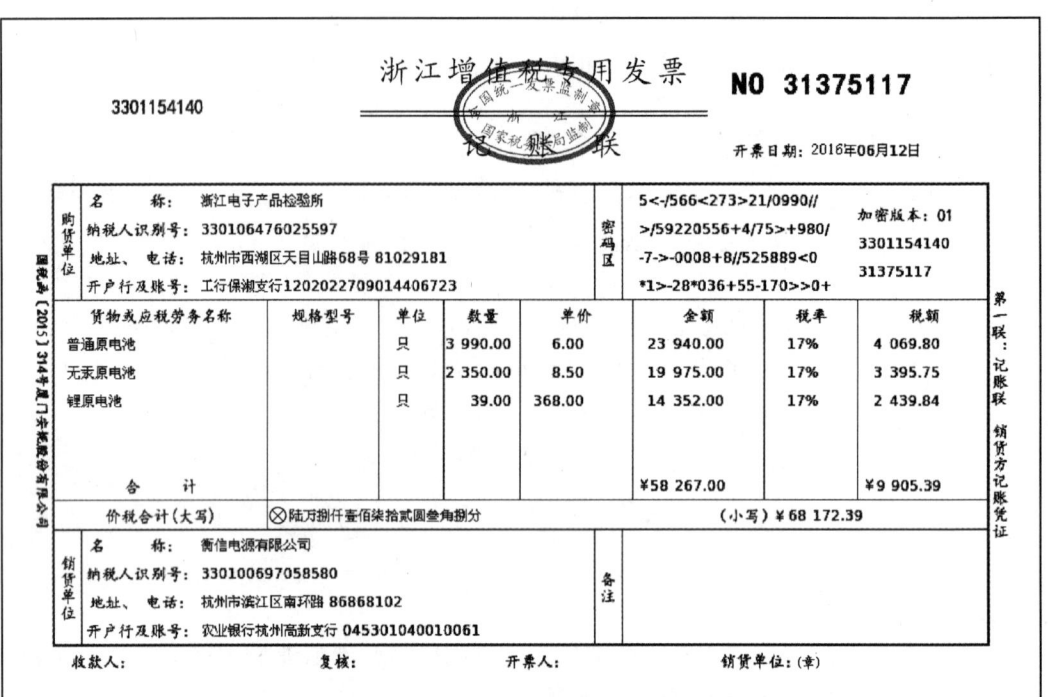

图 2-117　增值税专用发票(68)

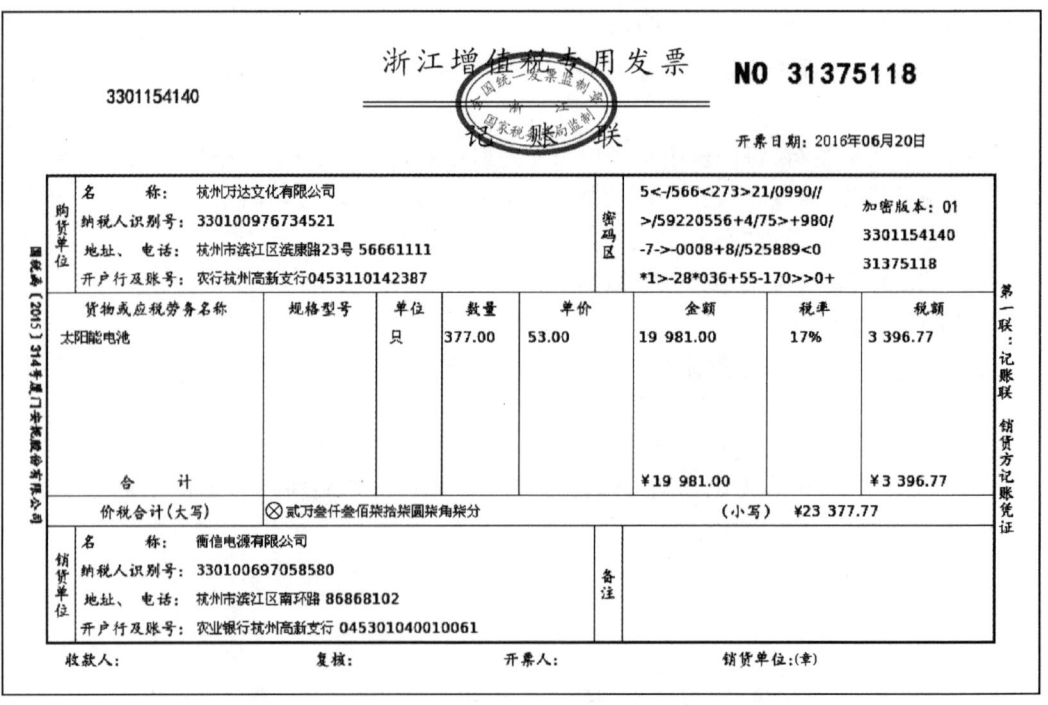

图 2-118　增值税专用发票(69)

知识链接

　　财税〔2015〕16号文件规定,自2015年2月1日起,在中华人民共和国境内生产、委托加工和进口涂料消费品的单位和个人,应当依法缴纳消费税,其适用税率均为4%。纳税人生产销售涂料应按规定缴纳消费税,但对施工状态下挥发性有机物(volatile organic compounds,VOC)含量低于420克/升(含)的涂料免征消费税。同时,国家税务总局公告2015年第5号规定,纳税人委托加工收回应税消费品,以高于受托方的计税价格出售的,应当按规定申报缴纳消费税,在计税时准予扣除受托方已代收代缴的消费税。应纳税额计算公式如下:

$$涂料消费税=应税销售额\times 适用税率$$

　　其中,应税销售额=含增值税的销售额÷(1+增值税税率或征收率),适用税率为4%。

3. 实训资料

　　衡信建材有限公司是增值税小规模纳税人,主要从事各种铸造涂料、石墨粉涂料、滑石粉涂料等涂料生产销售业务。2016年6月,业务收入情况良好。其中,在施工状态下挥发性有机物且含量低于420克/升(含)的三氯乙烯和四氯乙烯涂料合计生产销售了2.96吨,取得不含税收入8 732元。6月发生业务的相关票据信息如下。

　　(1) 6月2日,向浙江恒远家具厂销售一批自主生产的铸造涂料。发票如图2-119所示。

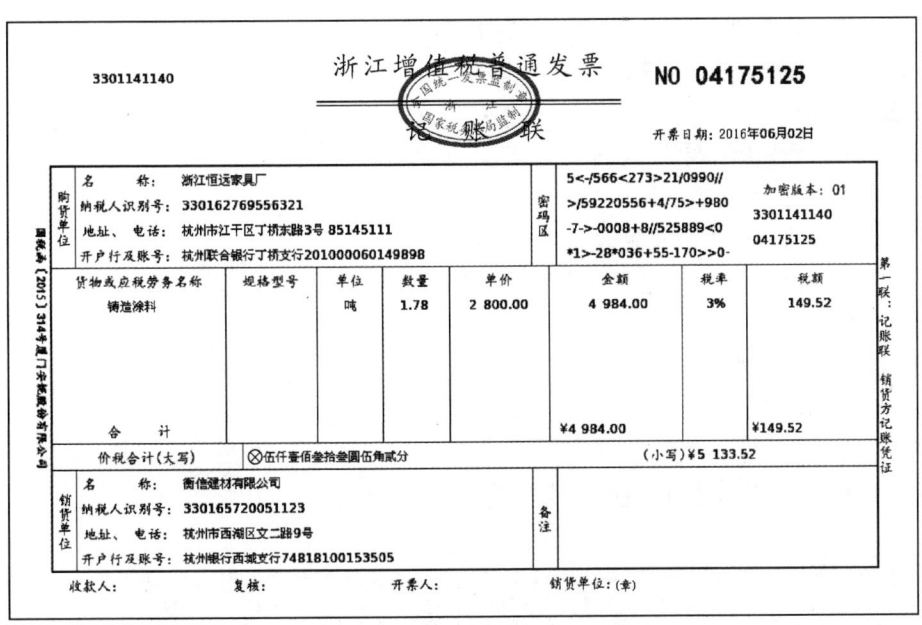

图2-119　增值税普通发票(7)

　　(2) 6月11日,向杭州万达文化有限公司销售一批自主生产的石墨粉涂料。发票如图2-120所示。

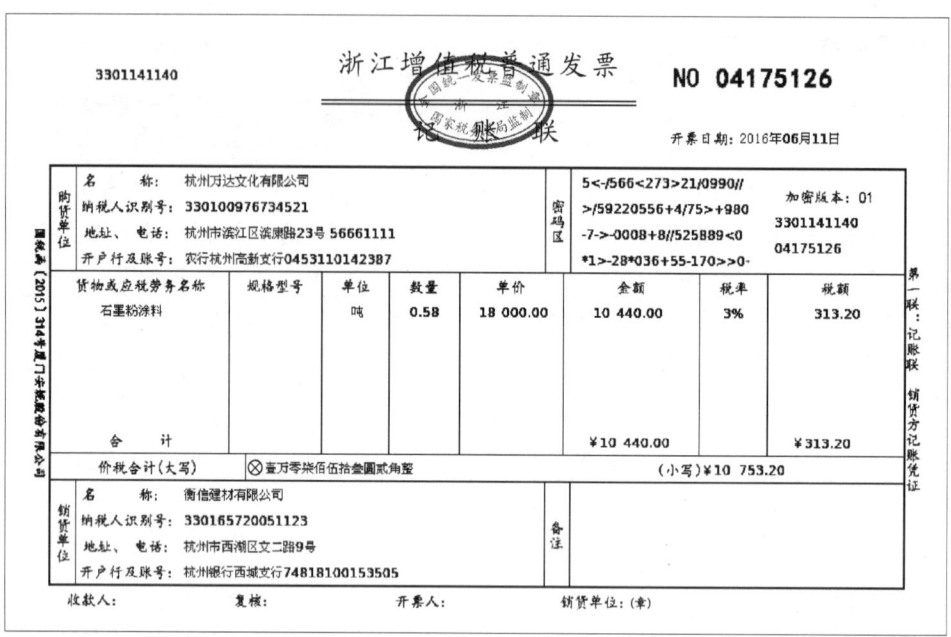

图 2-120　增值税普通发票(8)

(3) 6 月 28 日,向南京玄武办公用品有限公司销售一批自主生产的滑石粉涂料。

根据以上案例资料,将纳税申报表填写完整保存后,在"发送报表"中将已经保存成功的报表上报税务机关,通过"申报查询"功能将已报送成功的报表打印出来留存备查。企业如当月申报有税款的可通过"网上缴税"申请网上扣缴税款。

八、V 3.0 消费税网上申报教学版案例 8

1. 实训目的

(1) 熟悉消费税纳税申报流程。

(2) 熟悉、掌握其他消费税申报原理。

(3) 掌握消费税申报表及附表的填制。

(4) 熟悉、掌握《中华人民共和国消费税暂行条例》及其实施细则的基本原理。

2. 实训程序

(1) 回顾应税消费品知识。

(2) 填写申报表。

(3) 报表发送、网上缴税。

(4) 申报查询、系统评分,提交实训报告。

知识链接

　　按照现行消费税法的基本规定,消费税应纳税额的计算主要分为从价计征、从量计征和从价从量复合计征三种方法。

　　在从价计征计算方法下,应纳税额等于应税消费品的销售额乘以使用税率,销售额为纳税人销售应税消费品向购买方收取的全部价款和价外费用。

（续上）

　　应税消费品在缴纳消费税同时，与一般货物一样，还应缴纳增值税。按照《中华人民共和国消费税暂行条例实施细则》的规定，应税消费品的销售额，不包括应向购货方收取的增值税税款。

应税消费品的销售额＝含增值税的销售额÷（1＋增值税税率或征收率）

3. 实训资料

　　参加实训的学生根据下面提供的案例数据，进行模拟的消费税网上申报。2016 年 3 月，期末未缴税额 456 920.56 元，在本月缴纳。

　　广州佳丽宝有限公司为增值税一般纳税人，主要从事化妆品生产、销售等业务。2016年 4 月发生如下业务，如图 2-121 至图 2-125 所示。

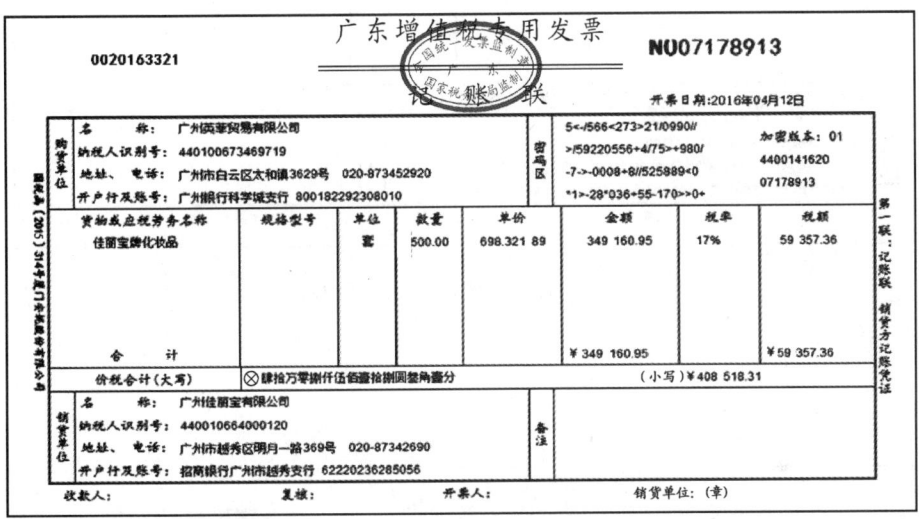

图 2-121　增值税专用发票(70)

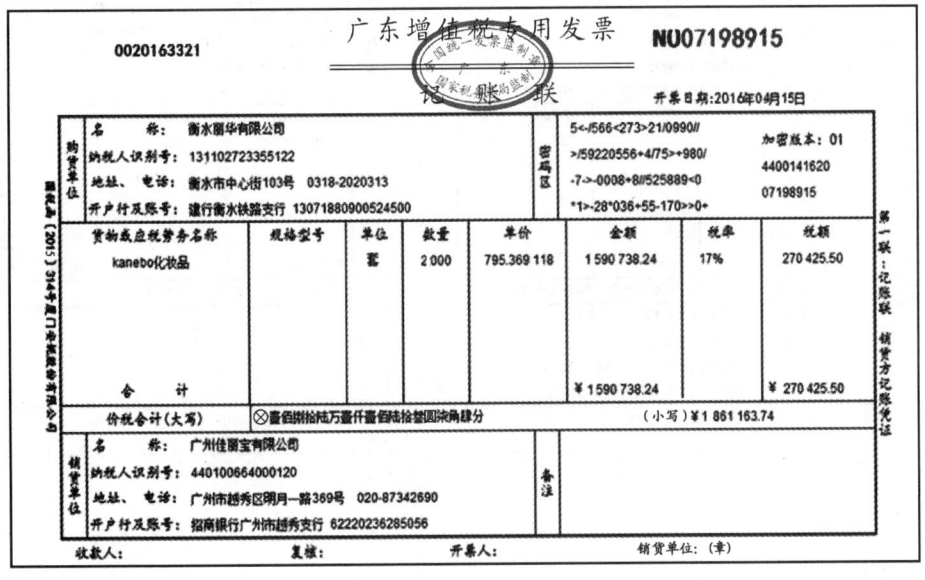

图 2-122　增值税专用发票(71)

税务

Shuiwu

系列教材 Xilie Jiaocai

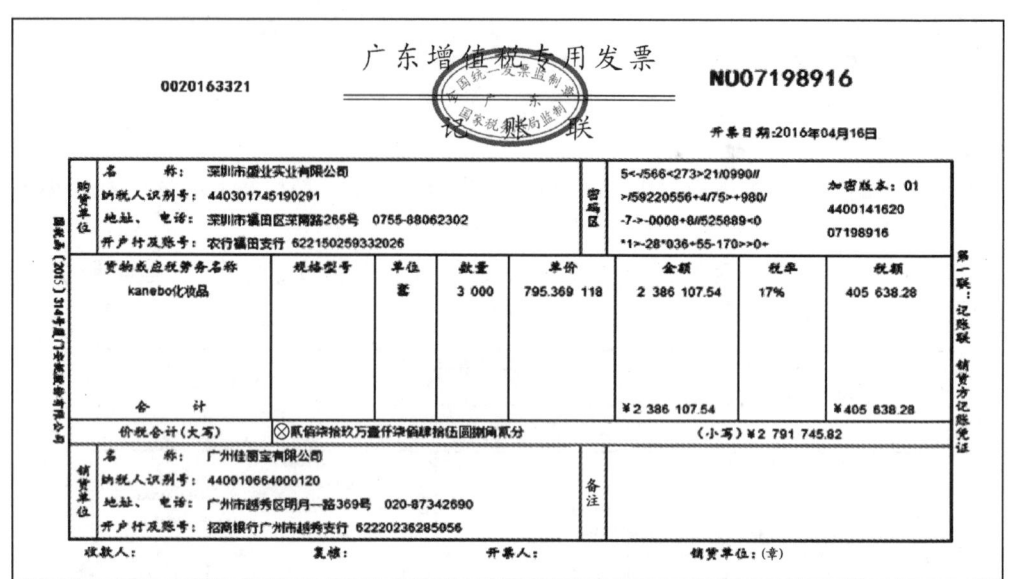

图 2-123 增值税专用发票(72)

图 2-124 增值税专用发票(73)

图 2-125 增值税专用发票(74)

化妆品适用的消费税税率为30%。

将纳税申报表填写完整保存后,在"发送报表"中将已经保存成功的报表上报税务机关,通过"申报查询"功能将已报送成功的报表打印出来留存备查。企业如当月申报有税款的可通过"网上缴税"申请网上扣缴税款。

第5节 企业所得税案例

一、V 3.0 企业所得税网上申报教学版案例1

1.实训目的

(1)熟悉、掌握企业所得税纳税申报表(B类)纳税申报原理。

(2)掌握企业所得税纳税申报表(B类)填制。

(3)熟悉企业所得税核定征收办法及基本原理。

知识链接

根据国税发〔2008〕30号关于印发《企业所得税核定征收办法》(试行)的通知第六条规定:采用应税所得率方式核定征收企业所得税的,应纳所得税额计算公式如下:

应纳所得税额=应纳税所得额×适用税率

应纳税所得额=应税收入额×应税所得率

或 应纳税所得额=成本(费用)支出额÷(1-应税所得率)×应税所得率

2. 企业信息

××制造有限公司是 A 市所属以提供加工修理修配为主营业务的私营企业,2015 年全年平均从业人数 100 人,资产总额 1 200 万元。该企业虽设置账簿,但无专职财务人员管理公司账目,导致账目混乱、成本资料、费用凭证残缺不全,税局人员难以查账征收企业税费,但该企业负责人表示能够准确提供销货发票凭证并能够提供当期银行进账单,税务机关出具的企业所得税核定征收鉴定表中注明该企业实行按收入总额核定应纳税所得额,税务机关参照制造行业的应税所得率及企业实际经营规模确定其应税所得率为 9%,企业可在纳税申报期内根据当期的收入总额与应税所得率计算当期应纳税所得额,从而及时填制企业所得税年度纳税申报表,进行纳税申报工作。该企业财务执行新会计准则,非汇总企业,无分支机构,按 25% 的税率缴纳企业所得税。

3. 实训资料

该企业按季度预缴税款,年度终了后 5 个月内汇算清缴,多退少补。所得税纳税年度申报的税款所属期限为 2015 年。请根据综上所述业务资料结合附表资料进行该企业 2015 年企业所得税年度申报表(B 类)填制申报工作。

(1) 2016 年 1 月,该企业进行企税汇算清缴时,发现 2015 年 12 月发生的一笔为个人提供修理机器设备的 30 000.00 元业务收入漏报。(假设不考虑增值税影响)

(2) 2015 年第四季度的纳税申报表如表 2-41 所示。

表 2-41 中华人民共和国企业所得税月(季)度纳税申报表(B 类,2015 年版)

税款所属期间:2015 年 10 月 01 日至 2015 年 12 月 31 日

纳税人识别号:123456789012345

纳税人名称:××制造有限公司　　　　　　　　　　　　　金额单位:人民币元(列至角分)

项　　　目			行次	累计金额
一、以下由按应税所得率计算应纳所得税额的企业填报				
应纳税所得额的计算	按收入总额核定应纳税所得额	收入总额	1	5 069 300.00
		减:不征税收入	2	
		免税收入	3	
		应税收入额(1-2-3)	4	5 069 300.00
		税务机关核定的应税所得率(%)	5	9.00%
		应纳税所得额(4×5)	6	456 237.00
	按成本费用核定应纳税所得额	成本费用总额	7	
		税务机关核定的应税所得率(%)	8	
		应纳税所得额[7÷(1-8)×8]	9	
应纳税所得额的计算		税率(25%)	10	25%
		应纳所得税额(6×10 或 9×10)	11	114 059.25
应补(退)所得税额的计算		减:符合条件的小型微利企业减免所得税额	12	
		已预缴所得税额	13	96 950.30
		应补(退)所得税额(11-12)	14	17 108.95

（续表）

项　　目	行次	累计金额
二、以下由税务机关核定应纳所得税额的企业填报		
税务机关核定应纳所得税额	15	

谨声明：此纳税申报表是根据《中华人民共和国企业所得税法》、《中华人民共和国企业所得税法实施条例》和国家有关税收规定填报的，是真实的、可靠的、完整的。法定代表人（签字）：　　　年　　月　　日

纳税人公章：	代理申报中介机构公章： 经办人：	主管税务机关受理专用章：
会计主管： 填报日期：　年　月　日	经办人执业证件号码： 代理申报日期：　年　月　日	受理人： 受理日期：　年　月　日

国家税务总局监制

4. 报告提交

通过以上纳税申报数据形成纳税申报表依次保存，报表数据报送成功后，进入评分系统选择相对应的案例进行系统评分。将实训报告封面和各报表依次打印，主要的申报表打印程序如下：

(1) 进行系统评分后，打印实训报告封面。

(2) 企业所得税年度纳税申报表（B类）。

二、V 3.0 企业所得税网上申报教学版案例2

1. 实训目的

(1) 熟悉、掌握企业所得税纳税申报表（B类）纳税申报原理。

(2) 掌握企业所得税纳税申报表（B类）填制。

(3) 熟悉企业所得税核定征收办法及基本原理。

(4) 熟悉、掌握小型微利企业所得税年度申报。

知识链接

1. 企业所得税核定征收

根据国税发〔2008〕30号关于印发《企业所得税核定征收办法》(试行)的通知第六条规定：采用应税所得率方式核定征收企业所得税的，应纳所得税额计算公式如下：

应纳所得税额＝应纳税所得额×适用税率

应纳税所得额＝应税收入额×应税所得率

或：　应纳税所得额＝成本(费用)支出额÷(1－应税所得率)×应税所得率

2. 小型微利企业

小型微利企业的概念源自于《中华人民共和国企业所得税法实施条例》第九十二条："企业所得税法第二十八条第一款所称符合条件的小型微利企业，是指从事国家非限制和禁止行业，并符合下列条件的企业：工业企业，年度应纳税所得额不超过30万元，从业人数不超过100人，资产总额不超过3 000万元；其他企业，年度应纳税所得额不超过30万元，从业人数不超过80人，资产总额不超过1 000万元。"

《关于小型微利企业所得税优惠政策的通知》(财税〔2015〕34号文)规定，为了进一步支持小型微利企业发展，自2015年1月1日至2017年12月31日，对年应纳税

（续上）

所得额低于20万元（含）的小型微利企业，其所得减按50%计入应纳税所得额，按20%的税率缴纳企业所得税。

《关于贯彻落实扩大小型微利企业减半征收企业所得税范围有关问题的公告》（国家税务总局公告2015年第17号）就落实小型微利企业所得税优惠政策有关问题进一步明确：符合规定条件的小型微利企业，无论采取查账征收还是核定征收方式，均可享受小型微利企业所得税优惠政策。

2. 企业信息

××制造有限公司是A市所属以提供加工修理修配为主营业务的私营企业，2015年全年平均从业人数50人，资产总额800万元。

该企业虽设置账簿，但无专职财务人员管理公司账目，导致账目混乱、成本资料、费用凭证残缺不全，税局人员难以查账征收企业税费，但该企业负责人表明可以能够准确提供销货发票凭证并能够提供当期银行进账单，税务机关出具的企业所得税核定征收鉴定表中注明该企业实行按收入总额核定应纳税所得额，税务机关参照制造行业的应税所得率及企业实际经营规模确定其应税所得率为9%，企业可在纳税申报期内根据当期的收入总额与应税所得率计算当期应纳税所得额，从而及时填制企业所得税年度纳税申报表，进行纳税申报工作。该企业财务执行新会计准则，非汇总企业，无分支机构，按20%的税率缴纳企业所得税。

3. 实训资料

该企业为小型微利企业。按季度预缴税款，年度终了后5个月内汇算清缴，多退少补。所得税纳税年度申报的税款所属期限为2015年。请根据综上所述业务资料结合附表资料进行该企业2015年企业所得税年度申报表（B类）填制申报工作。

（1）2016年1月，该企业进行企税汇算清缴时，发现2015年12月发生的一笔为个人提供修理机器设备的50 750.00元业务收入漏报。（假设不考虑增值税影响）

（2）2015年第四季度的纳税申报表如表2-42所示。

表2-42　中华人民共和国企业所得税月（季）度纳税申报表（B类，2015年版）

税款所属期间：2015年10月01日至2015年12月31日

纳税人识别号：123456789012345

纳税人名称：××制造有限公司　　　　　　　　　　　　　　金额单位：人民币元（列至角分）

项　　　目			行次	累计金额
一、以下由按应税所得率计算应纳所得税额的企业填报				
应纳税所得额的计算	按收入总额核定应纳税所得额	收入总额	1	2 610 570.00
		减：不征税收入	2	
		免税收入	3	
		应税收入额（1-2-3）	4	2 610 570.00
		税务机关核定的应税所得率（%）	5	9.00%
		应纳税所得额（4×5）	6	234 951.30
	按成本费用核定应纳税所得额	成本费用总额	7	
		税务机关核定的应税所得率（%）	8	
		应纳税所得额[7÷(1-8)×8]	9	

（续表）

项　　目		行次	累计金额
应纳税所得额的计算	税率(25%)	10	25%
	应纳所得税额(6×10 或 9×10)	11	58 737.83
应补(退)所得税额的计算	减:符合条件的小型微利企业减免所得税额	12	11 747.57
	已预缴所得税额	13	33 081.00
	应补(退)所得税额(11－12)	14	13 909.26
二、以下由税务机关核定应纳所得税额的企业填报			
税务机关核定应纳所得税额		15	

谨声明:此纳税申报表是根据《中华人民共和国企业所得税法》《中华人民共和国企业所得税法实施条例》和国家有关税收规定填报的,是真实的、可靠的、完整的。

法定代表人(签字):　　　　　　　　年　月　日

纳税人公章:	代理申报中介机构公章:	主管税务机关受理专用章:
	经办人:	
会计主管:	经办人执业证件号码:	受理人:
填报日期:　年　月　日	代理申报日期:　年　月　日	受理日期:　年　月　日

国家税务总局监制

4. 报告提交

通过以上纳税申报数据形成纳税申报表依次保存,报表数据报送成功后,进入评分系统选择相对应的案例进行系统评分。将实训报告封面和各报表依次打印,主要的申报表打印程序如下:

(1) 进行系统评分后打印实训报告封面。

(2) 企业所得税年度纳税申报表(B类)。

三、V 3.0 企业所得税网上申报教学版案例 3

1. 实训目的

(1) 掌握金融企业所得税纳税申报表及附表的填制。

(2) 熟悉、掌握金融企业所得税年度纳税申报表纳税申报原理。

(3) 熟悉、掌握《中华人民共和国企业所得税法》及其实施条例的基本原理。

纳税申报程序如下:

(1) 实训企业基础设置。

(2) 简化选表、完成主附表的填写。

(3) 申报疑点检查。

(4) 报表发送与税款缴纳。

(5) 申报查询、系统评分,提交实训报告。

知识链接

企业所得税按年计征,分月或者分季度预缴,年终汇算清缴,多退少补。按月或按季预缴的,应当月份或者季度终了之日起 15 日内,向税务机关报送预缴企业所得税纳税申报表,预缴税款。企业在纳税年度内无论盈利或者亏损,都应当依照《中华人民共和国企业所得税法》第五十四条规定期限,向税务机关报送预缴企业所得税纳税申报表、年度企业所得税纳税申报表、财务会计报告和税务机关规定应当报送的其他有关资料。

（续上）

国税函〔2007〕880 号关于保险企业发生与退保业务相关佣金支出税前扣除问题的通知规定：保险公司退保业务发生之前已实际支付的与退保业务相关的佣金，准予在企业所得税前扣除；退保业务发生之后再支付与该退保业务相关的佣金，不得在企业所得税前扣除。

2. 实训资料

平安保险有限公司成立于 2008 年 7 月 1 日，主要经营以财产险为主的各种保险业务。非汇总纳税企业，无分支机构，非境外中资控股居民企业，注册资本 5 000 万元，所属行业 J6820 财产保险，无境外关联交易。资产总额 10 000 万元，从业人数 1 000 人（无残疾人员、无国家鼓励安置的其他就业人员）。

股东信息：方富（中国国籍，身份证号码：330101196107083322）投资比例 40%；姜涛（中国国籍，身份证号码：330101196311228526）投资比例 30%；裴凯（中国国籍，身份证号码：330101196101203661）投资比例 30%

适用的所得税税率：25%

会计主管：金晶

适用的会计准则：企业会计准则（保险）

会计档案存放地：浙江省杭州市

会计核算软件：用友

记账本位币：人民币

会计政策和估计是否发生变化：否

固定资产折旧方法：年限平均法

存货成本计价方法：先进先出法

坏账损失核算方法：备抵法

所得税计算方法：资产负债表债务法（企业会计准则要求对企业所得税采用资产负债表债务法进行核算）

按税收规定比例扣除的职工教育经费 2.5%、广告费和业务宣传费 15%；2015 年预缴企业所得税 0。

假定 2016 年 5 月 1 日该企业进行所得税汇算清缴，相关资料如表 2-43 所示。

表 2-43 利 润 表

编制单位：平安保险有限公司　　　　2015 年 12 月　　　　单位：元

项　目	行次	本年累计数
一、营业收入	1	2 449 031 145.09
已赚保费	2	2 053 421 120.34
保险业务收入	3	2 053 421 120.34
其中：分保费收入	4	
减：分出保费	5	
提取未到期责任准备金	6	
加：投资收益（损失以"－"号填列）	7	622 083.28
其中：对联营企业和合营企业的投资收益	8	

（续表）

项 目	行次	本年累计数
公允价值变动收益(损失以"－"号填列)	9	
汇兑收益(损失以"－"号填列)	10	
其他业务收入	11	395 610 024.75
二、营业支出	12	1 582 474 642.11
退保金	13	237 521 549.68
赔付支出	14	894 141 256.07
减:摊回赔付支出	15	
提取保险责任准备金	16	
减:摊回保险责任准备金	17	
保单红利支出	18	802 083.33
分保费用	19	363 138.36
营业税金及附加	20	47 572 394.20
手续费及佣金支出	21	179 792.23
业务及管理费	22	412 56.07
减:摊回分保费用	23	
其他业务成本	24	281 723 438.26
资产减值损失	25	120 129 733.91
三、营业利润(亏损以"－"号填列)	26	867 178 586.26
加:营业外收入	27	193 950.46
减:营业外支出	28	
四、利润总额(亏损总额以"－"号填列)	29	867 372 536.72
减:所得税费用	30	0.00
五、净利润(净亏损以"－"号填列)	31	867 372 536.72
六、每股收益:	32	
(一)基本每股收益	33	
(二)稀释每股收益	34	

具体报表资料如表 2-44 至表 2-52 所示。

(1) 收入明细,如表 2-44 所示。

表 2-44　收 入 明 细　　　　单位:元

一级科目	明细科目	金 额	备 注
营业收入	保费业务收入	2 053 421 120.34	
	其他业务收入	395 610 024.75	
营业外收入	非流动资产处置利得	26 658.46	
	其他	167 292.00	

(2) 支出明细,如表 2-45 所示。

表 2-45　支 出 明 细　　　　单位:元

一级科目	明细科目	金 额	备 注
保险业务支出	退保金	237 521 549.68	
	赔付支出	894 141 256.07	
	保单红利支出	802 083.33	
	分保费用	363 138.36	
	手续费及佣金支出	179 792.23	
其他金融业务支出		41 256.07	
其他业务成本		281 723 438.26	

（3）持有的以公允价值计量资产投资收益纳税调整表，如表 2-46 所示。

表 2-46　投资收益纳税调整表　　　　　　　单位:元

	期 初 金 额		期 末 金 额		纳税调整额 （纳税调减以"－"表示）
	账载金额 （公允价值）	计税基础	账载金额 （公允价值）	计税基础	
交易性金融资产	27 544 375.41	23 933 511.78	23 497 883.62	23 228 530.95	3 341 510.96

（4）投资收益明细，如表 2-47 所示。

表 2-47　投资收益明细表　　　　　　　单位:元

类　型	金　额	备　注
国债利息收入	594 083.28	
股息（居民企业）	28 000.00	收到直接投资的 A 企业于 2014 年 09 月 30 日决定进行利润分配的股息

（5）资产折旧/摊销明细如表 2-48 所示。（备注:企业本年度不享受固定资产加速折旧）

表 2-48　资产折旧/摊销调整表　　　　　　　单位:元

资产项目	会　计			税　法			调整额
	初始成本	折旧年限（年）	折旧（摊销）额	初始成本	折旧年限（年）	折旧（摊销）额	
电脑	1 000 000	6 年	158 300	1 000 000	6 年	158 300	
空调	1 550 000	10 年	155 000	1 550 000	10 年	155 000	

（6）职工薪酬费用调整，如表 2-49 所示。

表 2-49　职工薪酬费用调整　　　　　　　单位:元

项　目	会　计	税　法	调　整
职工薪金支出	256 314 383.13	256 314 383.13	
职工福利费	12 578 214.21	35 884 013.64	
职工教育经费	6 796 585.93	6 407 859.58	
工会经费	5 437 268.74	5 126 287.66	

（7）广告费费用调整，如表 2-50 所示。

表 2-50　广告费用调整　　　　　　　单位:元

项　目	会　计	备　注
广告费	4 031 508.09	

（8）其他纳税调整项目，如表 2-51 所示。

表 2-51　其他纳税调整项目　　　　　　　单位:元

项　目	金　额	备　注
罚金、罚款	2 803 566.64	
赞助支出	64 355.47	
与取得收入无关的支出	705 118.40	
资产减值准备金	120 129 733.91	

（9）企业所得税弥补亏损明细表，如表 2-52 所示。

表 2-52 企业所得税弥补亏损明细表　　　　　　　　　　单位:元

年　度	盈利额或亏损额	备　　注
2010	2 266 667.00	
2011	250 000.00	
2012	2 530 367.91	
2013	27 500 000.00	
2014	693 500.00	
2015		

四、V 3.0 企业所得税网上申报教学版案例 4

1. 实训目的

(1) 掌握企业所得税纳税申报表及附表的填制。

(2) 熟悉、掌握企业所得税年度纳税申报表(A 类)纳税申报原理。

(3) 熟悉、掌握《中华人民共和国企业所得税法》及其实施条例的基本原理。

纳税申报程序如下:

(1) 实训企业基础设置。

(2) 简化选表、完成主附表的填写。

(3) 申报疑点检查。

(4) 报表发送与税款缴纳。

(5) 申报查询、系统评分,提交实训报告。

2. 案例考点及难度

本案例难度为"易"。主要考核点为分支机构企业所得税季度纳税申报。

3. 主要知识点

(1) 企业所得税分配方法:属于中央与地方共享范围的跨省市总分机构企业缴纳的企业所得税,按照统一规范、兼顾总机构和分支机构所在地利益的原则,实行"统一计算、分级管理、就地预缴、汇总清算、财政调库"的处理办法,总分机构统一计算的当期应纳税额的地方分享部分中,25%由总机构所在地分享,50%由各分支机构所在地分享,25%按一定比例在各地间进行分配。

(2) 分支机构分摊预缴税款。总机构在每月或每季度终了之日起 10 日内,按照上年度各省市分支机构的营业收入、职工薪酬和资产总额三个因素,将统一计算的企业当期应纳税额的 50%在各分支机构之间进行分摊,分摊时三个因素权重依次为 0.35、0.35 和 0.3。

(3) 所有分支机构应分摊的预缴总额=统一计算的企业当期应纳所得税额×50%。

(4) 各分支机构分摊预缴额=所有分支机构应分摊的预缴总额×该分支机构分摊比例。

(5) 该分支机构分摊比例=(该分支机构营业收入÷各分支机构营业收入之和)×0.35+(该分支机构职工薪酬÷各分支机构职工薪酬之和)×0.35+(该分支机构资产总额÷各分支机构资产总额之和)×0.30。

(6) 相关政策文件:《跨省市总分机构企业所得税分配及预算管理办法》财预〔2012〕40 号文。

4. 实训资料

A 公司为集团公司(纳税识别号:330165715888881),总公司在浙江杭州,该公司下属有三个分公司,分别为北京分公司、上海分公司和广州分公司。

请为北京分公司进行 2016 年第二季度所得税纳税申报。

2016 年第二季度总机构应纳税所得额 800 万元,应纳税额 200 万元;分公司三项权重如表 2-53 所示。

表 2-53 分公司权重 单位:万元

公司名称	纳税人识别号	营业收入	职工薪酬	资产总额
北京分公司	填写学号关联的纳税人识别号	400	80	1 000
上海分公司	310015700355782	500	80	1 500
广州分公司	440134105799001	100	40	500
合　计		1 000	200	3 000

五、V 3.0 企业所得税网上申报教学版案例 5

1. 实训目的

(1) 掌握企业所得税纳税申报表及附表的填制。

(2) 熟悉、掌握事业单位企业所得税年度纳税申报表(A 类)纳税申报原理。

(3) 熟悉、掌握《中华人民共和国企业所得税法》及其实施条例的基本原理。

纳税申报程序如下:

(1) 实训企业基础设置。

(2) 简化选表、完成主附表的填写。

(3) 申报疑点检查。

(4) 报表发送与税款缴纳。

(5) 申报查询、系统评分,提交实训报告。

? 知识链接

事业单位、社会团体、民办非企业单位的收入,除国务院或财政部、国家税务总局规定免征企业所得税的项目外,均应计入应纳税收入总额,依法计征企业所得税。计算公式如下:

$$应纳税收入总额 = 收入总额 - 免征企业所得税的收入项目金额$$

上式中的收入总额,包括事业单位、社会团体、民办非企业单位的财政补助收入、上级补助收入、事业收入、经营收入、附属单位上交收入和其他收入。

除另有规定者外,上式中免征企业所得税的收入项目,具体包括:

(1) 财政拨款。

(2) 经国务院及财政部批准设立和收取,并纳入财政预算管理或财政预算外资金专户管理的政府性基金、资金、附加收入等。

(3) 经国务院、省级人民政府(不包括计划单列市)批准,并纳入财政预算管理或财政预算外资金专户管理的行政事业性收费。

(4) 经财政部核准不上缴财政专户管理的预算外资金。

(5) 事业单位从主管部门和上级单位取得的用于事业发展的专项补助收入。

(6) 事业单位从其所属独立核算经营单位的税后利润中取得的收入。

(7) 社会团体取得的各级政府资助。

(8) 社会团体按照省级以上民政、财政部门规定收取的会费。

(9) 社会各界的捐赠收入。

（续上）

　　企业所得税按年计征,分月或者分季度预缴,年终汇算清缴,多退少补。按月或按季预缴的,应当于月份或者季度终了之日起15日内,向税务机关报送预缴企业所得税纳税申报表,预缴税款。企业在纳税年度内无论盈利或者亏损,都应当依照《中华人民共和国企业所得税法》第五十条规定期限,向税务机关报送预缴企业所得税纳税申报表、年度企业所得税纳税申报表、财务会计报告和税务机关规定应当报送的其他有关资料。

2. 实训资料

　　杭州市人才研究会,是2013年12月10日由杭州市工商行政管理局批准设立的自收自支事业单位。该研究会属非汇总纳税企业,无分支机构,非境外中资控股居民企业,注册资本50万元,所属行业7269其他人力资源服务,无境外关联交易。资产总额700万元,从业人数100人(无残疾人员、无国家鼓励安置的其他就业人员)。

　　股东信息:杭城人力资源管理集团(国有企业,组织机构代码证697058237)投资比例100%

　　适用的所得税税率:25%

　　会计主管:冯雯

　　适用的会计准则:事业单位会计准则(事业单位会计制度)

　　会计档案存放地:浙江省杭州市

　　会计核算软件:用友

　　记账本位币:人民币

　　会计政策和估计是否发生变化:否

　　固定资产折旧方法:年限平均法

　　存货成本计价方法:先进先出法

　　坏账损失核算方法:备抵法

　　所得税计算方法:资产负债表债务法(企业会计准则要求对企业所得税采用资产负债表债务法进行核算)

　　按税收规定比例扣除的职工教育经费2.5%、广告费和业务宣传费15%。2015年支出营业税金及附加共计54 674.29元,预缴企业所得税0。

　　(1) 收入明细,如表2-54所示。

表2-54　收 入 明 细　　　　　　　单位:元

一级科目	明细科目	金　额	备　　注
收入总额	财政补助收入	3 835 111.00	
	事业收入	200 140.00	
	上级补助收入	566 974.00	
	附属单位上缴收入	88 209.00	
	投资收益	35 377.00	
	其他收入	16 246.00	
不征税收入总额	财政拨款	704 772.00	
	政府性基金	129 228.00	
	其他	332 783.00	

（2）支出明细，如表 2-55 所示。

表 2-55　支 出 明 细　　　　　　　　　单位：元

一级科目	明细科目	金　额	备　注
支出总额	对附属单位补助	18 692.00	
	上缴上级支出	868 810.00	
	事业支出	390 875.00	
	其他支出	90 289.50	

（3）职工薪酬纳税调整，如表 2-56 所示。

表 2-56　职工薪酬纳税调整　　　　　　　单位：元

项　目	会　计	税　法	备　注
工资薪金支出	527 830.00	527 830.00	
职工福利费	74 256.35	73 896.20	工资 14%允许扣除
职工教育经费	13 195.75	13 195.75	工资 2.5%允许扣除
工会经费	10 556.60	10 556.60	工资 2%允许扣除

（4）资产折旧/摊销调整，如表 2-57 所示。（单位：万元）（备注：企业本年度不享受固定资产加速折旧）

表 2-57　资产折旧/摊销调整表　　　　　　单位：元

资产项目	会　计					税　法					调整额
	初始成本	净残值	折旧年限	本年折旧(摊销)额	累计折旧(摊销)额	初始成本	净残值	折旧年限	本年折旧(摊销)额	累计折旧(摊销)额	
办公电子设备	100.00	5	6 年	15.83	15.83	100.00	5	5 年	19.00	19.00	—3.17

（5）投资收益明细，如表 2-58 所示。

表 2-58　投资收益明细　　　　　　　　　单位：元

类　型	金　额	备　注
国债利息收入	19 446.59	
股息（居民企业）	15 930.41	收到直接投资的 A 企业于 2014 年 12 月 20 日决定进行利润分配的股息

第 6 节　个人所得税案例

一、V 3.0 个税代扣代缴网上申报教学版案例 1

1. 实训目的

（1）熟悉个人所得税纳税申报流程。

（2）熟悉、掌握个人所得税纳税申报原理。

（3）熟悉、掌握《中华人民共和国个人所得税法》及其实施条例的基本原理。

知识链接

中华人民共和国主席令〔2011〕48号关于修改《中华人民共和国个人所得税法》第六条规定,应纳税所得额的计算如下：

（1）工资、薪金所得,以每月收入额减除费用三千五百元后的余额,为应纳税所得额。

（2）个体工商户的生产、经营所得,以每一纳税年度的收入总额减除成本、费用以及损失后的余额,为应纳税所得额。

（3）对企事业单位的承包经营、承租经营所得,以每一纳税年度的收入总额,减除必要费用后的余额,为应纳税所得额。

（4）劳务报酬所得、稿酬所得、特许权使用费所得、财产租赁所得,每次收入不超过4000元的,减除费用800元;4000元以上的,减除20%的费用,其余额为应纳税所得额。

（5）财产转让所得,以转让财产的收入额减除财产原值和合理费用后的余额,为应纳税所得额。

（6）利息、股息、红利所得,偶然所得和其他所得,以每次收入额为应纳税所得额。

个人将其所得对教育事业和其他公益事业捐赠的部分,按照国务院有关规定从应纳税所得中扣除。

对在中国境内无住所而在中国境内取得工资、薪金所得的纳税义务人和在中国境内有住所而在中国境外取得工资、薪金所得的纳税义务人,可以根据其平均收入水平、生活水平以及汇率变化情况确定附加减除费用,附加减除费用适用的范围和标准由国务院规定。（详情请参阅税务实训平台"藏经阁"）

个人所得税税率如表2-59所示。（工资、薪金所得适用）

表2-59 个人所得税税率

级 数	全月应纳税所得额	税 率
1	不超过1 500元的	3%
2	超过1 500元至4 500元的部分	10%
3	超过4 500元至9 000元的部分	20%
4	超过9 000元至35 000元的部分	25%
5	超过35 000元至55 000元的部分	30%
6	超过55 000元至80 000元的部分	35%
7	超过80 000元的部分	45%

2. 实训资料

（1）纳税人及扣缴义务单位基本信息,如表2-60所示。

公司名称：浙江衡信教育科技有限公司 电话：0571-56688101 邮编：330000

公司地址:浙江省杭州市滨江区南环路 3738 号

表 2-60　职员信息

工号	姓名	性别	身份证号	职业	职务	户籍	学历
0001	何天仁	男	370101196911080017	专业技术人员	中层	滨江	本科
0002	陈体国	男	370101195609290019	专业技术人员	中层	滨江	本科
0003	伊 晟	男	46010119850715007X	专业技术人员	中层	滨江	本科
0004	赵瑞伟	男	142601198604050016	专业技术人员	中层	滨江	本科
0005	肖 智	男	230101198005040054	专业技术人员	中层	滨江	本科
0006	杨 李	男	23010119830619003X	专业技术人员	中层	滨江	本科
0007	叶美珍	女	340801196307020125	专业技术人员	中层	滨江	本科
0008	薛 娟	女	230101197605230017	专业技术人员	中层	滨江	本科
0009	林如海	男	230101197404150096	专业技术人员	中层	滨江	本科
0010	张 霆	男	350402195202142013	专业技术人员	中层	滨江	本科

(2)正常工资薪金收入明细,如表 2-61 所示。

表 2-61　工资薪金收入明细　　　　　　　　　单位:元

姓　名	应发工资	基本养老保险金	基本医疗保险金	失业保险金	住房公积金
何天仁	10 000.00	144.00	36.00	18.00	300.00
陈体国	8 000.00	144.00	36.00	18.00	600.00
伊　晟	15 896.00	186.00	72.00	52.00	800.00
赵瑞伟	12 563.21	144.00	72.00	52.00	800.00
肖　智	5 968.00	144.00	36.00	18.00	300.00
杨　李	9 861.36	144.00	36.00	18.00	300.00
叶美珍	3 420.00	144.00	36.00	18.00	300.00
薛　娟	4 310.25	144.00	36.00	18.00	300.00
林如海	56 930.09	360.00	150.00	72.00	1 440.00
张　霆	4 692.30	144.00	36.00	18.00	300.00

(3)全年一次性奖金收入明细,如表 2-62 所示。

表 2-62　全年一次性奖金收入明细　　　　　　　　单位:元

姓　名	年终奖	备　注
何天仁	9 600.00	
陈体国	16 050.00	
伊　晟	13 520.00	
赵瑞伟	12 531.00	
肖　智	160 000.00	
杨　李	189 532.00	
叶美珍	8 000.00	

二、V 3.0 个税代扣代缴网上申报教学版案例 2

1. 实训目的

(1) 熟悉个人所得税纳税申报流程。

(2) 熟悉、掌握解除劳动合同一次性补偿收入个人所得税纳税申报原理。

(3) 熟悉、掌握《中华人民共和国个人所得税法》及其实施条例的基本原理。

知识链接

国税发〔1999〕178 号《关于个人因解除劳动合同取得经济补偿金征收个人所得税问题的通知》规定如下：对于个人因解除劳动合同而取得一次性经济补偿收入，应按"工资、薪金所得"项目计征个人所得税。

应纳税所得额：一次性补偿收入－免征额－免税项目合计≤0 时

应纳税所得额＝0　即不征税

一次性补偿收入－免征额－免税项目合计＞0 时

应纳税所得额＝〔(解除劳动合同取得的一次性补偿收入－免征额－免税项目合计)÷实际工作年限数〕－费用扣除标准

计算一次补偿收入应纳税所得额应按"正常工资、薪金所得"的 7 级超额累进税率计算应缴纳的个人所得税额。

个人按国家和地方政府法规比例实际缴纳的住房公积金、医疗保险金、基本养老保险金、失业保险基金在计税时应予以扣除。

个人在本企业的工作年限数按实际工作年限数计算，超过 12 年的按 12 年计算。

财税〔2001〕157 号《关于个人与用人单位解除劳动关系取得的一次性补偿收入征免个人所得税问题的通知》规定：取得的解除劳动合同一次性补偿收入在当地上年职工平均工资 3 倍数额以内的部分，免征个人所得税。

企业依照国家有关法律规定宣告破产，企业职工从该破产企业取得的一次性安置费收入，免征个人所得税。(详情请参阅税务实训平台"藏经阁")

个人所得税税率如表 2-63 所示。(工资、薪金所得适用)

表 2-63　个人所得税税率

级　数	全月应纳税所得额(含税级距)	税　率	速算扣除数
1	不超过 1 500 元	3%	0
2	超过 1 500 元至 4 500 元的部分	10%	105
3	超过 4 500 元至 9 000 元的部分	20%	555
4	超过 9 000 元至 35 000 元的部分	25%	1 005
5	超过 35 000 元至 55 000 元的部分	30%	2 755
6	超过 55 000 元至 80 000 元的部分	35%	5 505
7	超过 80 000 元的部分	45%	13 505

2. 实训资料

（1）纳税人及扣缴义务单位基本信息，如表2-64所示。

公司名称：浙江衡信教育科技有限公司　电话：0571-56688101　邮编：330000

公司地址：浙江省杭州市滨江区南环路3738号

税务
系列教材 Shuiwu Xilie Jiaocai

表 2-64　职 工 信 息

工号	姓　名	性别	身份证号	职业	职务	户籍	学历
0001	何天仁	男	370101196911080017	专业技术人员	中层	滨江	本科
0002	陈体国	男	370101195609290019	专业技术人员	中层	滨江	本科
0003	伊　晟	男	46010119850715007X	专业技术人员	中层	滨江	本科
0004	赵瑞伟	男	142601198604050016	专业技术人员	中层	滨江	本科
0005	肖　智	男	230101198005040054	专业技术人员	中层	滨江	本科
0006	黄　晋	男	430101196209080013	专业技术人员	中层	滨江	本科
0007	林元强	男	120101198606030016	专业技术人员	中层	滨江	本科
0008	曾跃辉	男	140101198201140093	专业技术人员	中层	滨江	本科
0009	杨　李	男	23010119830619003X	专业技术人员	中层	滨江	本科
0010	洪艺芳	女	340801197006010024	专业技术人员	中层	滨江	本科

（2）正常工资薪金收入明细，如表2-65所示。

表 2-65　工资薪金收入明细　　　　　　　　　　　单位：元

姓　名	应发工资	基本养老保险金	基本医疗保险金	失业保险金	住房公积金
何天仁	10 000.00	268.00	106.00	108.00	1 120.60
陈体国	8 000.00	124.21	76.26	110.29	923.92
伊　晟	15 896.56	286.58	269.21	296.56	1 350.36
赵瑞伟	12 563.21	136.25	149.30	253.60	986.30
肖　智	5 968.96	263.21	187.52	126.30	700.00
黄　晋	3 000.00	25.96	56.30	59.86	300.00
林元强	9 256.20	125.36	256.20	159.60	900.00
曾跃辉	5 630.26	569.30	458.59	254.91	1 200.00
杨　李	12 560.25	256.36	258.12	124.69	1 400.00
洪艺芳	4 690.59	125.30	258.16	213.85	300.00

（3）解除劳动合同一次性补偿收入明细，如表2-66所示。

表 2-66　解除劳动合同一次性补偿收入明细　　　　　　单位：元

姓　名	补偿额（元）	免征额（元）	实际工作年限（年）
伊　晟	168 900.00	40 897.31	8
赵瑞伟	12 693.21	40 897.31	4
肖　智	125 860.96	40 897.31	15
曾跃辉	52 631.95	40 897.31	2
杨　李	96 812.59	40 897.31	8
洪艺芳	125 843.02	40 897.31	6

三、V.3.0 个税代扣代缴网上申报教学版案例 3

1. 实训目的

(1) 熟悉个人所得税纳税申报流程。

(2) 熟悉、掌握劳务报酬、稿酬、特许权使用费所得个人所得税纳税申报原理。

(3) 熟悉、掌握《中华人民共和国个人所得税法》及其实施条例的基本原理。

知识链接

《中华人民共和国个人所得税法实施条例》规定:

(1) 劳务报酬所得,属于一次性收入的,以取得该项收入为一次;属于同一项目连续性收入的,以一个月内取得的收入为一次。

(2) 稿酬所得,以每次出版、发表取得的收入为一次。

(3) 特许权使用费所得,以一项特许权的一次许可使用所取得的收入为一次。

中华人民共和国主席令〔2011〕48号关于修改《中华人民共和国个人所得税法》的决定第六条规定应纳税所得额的计算按以下方式:

稿酬所得:适用比例税率,税率为20%,并按应纳税额减征30%。

劳务报酬所得:适用比例税率,税率为20%。对劳务报酬所得一次收入畸高的,可以实行加成征收,具体办法由国务院规定。

(详情请参阅税务实训平台"藏经阁")

2. 实训资料

(1) 纳税人及扣缴义务单位基本信息,如表 2-67 所示。

公司名称:浙江衡信教育科技有限公司　电话:0571-56688101　邮编:330000

公司地址:浙江省杭州市滨江区南环路 3738 号

表 2-67　职员信息

工号	姓名	性别	身份证号	职业	职务	户籍	学历
0010	洪艺芳	女	340801197006010024	专业技术人员	中层	滨江	本科
0011	叶美珍	女	340801196307020125	专业技术人员	中层	滨江	本科
0012	林芳	女	340801198201250087	专业技术人员	中层	滨江	本科
0013	陈小勇	男	230101197605230017	专业技术人员	中层	滨江	本科
0014	吴若泉	男	350402195408110017	专业技术人员	中层	滨江	本科
0015	林如海	男	350402195202142013	专业技术人员	中层	滨江	本科
0016	伊晟	男	46010119850715007X	专业技术人员	中层	滨江	本科
0017	赵瑞伟	男	142601198604050016	专业技术人员	中层	滨江	本科
0018	肖智	男	230101198005040054	专业技术人员	中层	滨江	本科
0019	杨李	男	23010119830619003X	专业技术人员	中层	滨江	本科
0020	张霆	男	130432198912261720	专业技术人员	中层	滨江	本科

（2）非工资薪金收入明细，如表 2-68 所示。

表 2-68　非工资薪金收入明细　　　　　　　　　　　　单位：元

姓　名	所得项目	收入额	实际捐赠额	准予扣除的捐赠额	允许扣除的税费
洪艺芳	劳务报酬所得	126 930.56	2 300.25	2 300.25	0.00
叶美珍	劳务报酬所得	10 596.42	0.00	0.00	0.00
林　芳	稿酬所得	8 692.69	1 200.00	1 200.00	0.00
陈小勇	稿酬所得	3 600.00	0.00	0.00	0.00
吴若泉	特许权使用费所得	256 300.00	3 600.00	3 600.00	6 896.51
林如海	特许权使用费所得	123 860.21	3 600.00	3 600.00	3 600.23
伊　晟	稿酬所得	259 030.26	5 600.00	5 600.00	0.00
赵瑞伟	特许权使用费所得	12 302.96	4 800.00	2 628.71	1 350.00
肖　智	劳务报酬所得	96 050.36	2 500.00	2 500.00	0.00

（3）工资薪金收入明细，如表 2-69 所示。

表 2-69　工资薪金收入明细　　　　　　　　　　　　　单位：元

姓　名	应发工资	基本养老保险金	基本医疗保险金	失业保险金	住房公积金
杨　李	10 000.00	144.00	36.00	180.00	300.00
张　霆	8 000.00	144.00	36.00	180.00	600.00

四、V 3.0 个税代扣代缴网上申报教学版案例 4

1. 实训目的

（1）熟悉个人所得税纳税申报流程。

（2）熟悉、掌握利息股息红利、财产转让、偶然、财产租赁所得个人所得税纳税申报原理。

（3）熟悉、掌握《中华人民共和国个人所得税法》及其实施条例的基本原理。

知识链接

《中华人民共和国个人所得税法实施条例》规定：利息股息红利、偶然所得、财产租赁，利息股息红利所得是指个人拥有债权、股权而取得的利息、股息、红利所得。

《中华人民共和国个人所得税法实施条例》第二十一条规定如下：税法第六条第一款第四项、第六项所说的每次，按照以下方法确定：

（1）劳务报酬所得，属于一次性收入的，以取得该项收入为一次；属于同一项目连续性收入的，以一个月内取得的收入为一次。

（2）稿酬所得，以每次出版、发表取得的收入为一次。

（3）特许权使用费所得，以一项特许权的一次许可使用所取得的收入为一次。

（4）财产租赁所得，以一个月内取得的收入为一次。

（5）利息、股息、红利所得，以支付利息、股息、红利时取得的收入为一次。

（续上）

（6）偶然所得，以每次取得该项收入为一次。

偶然所得是指个人得奖、中奖、中彩以及其他偶然性质所得。偶然所得税是对个人得奖、中奖、中彩以及其他偶然性质的所得而征收的一种税。

国税发〔1994〕127号《关于社会福利有奖募捐发行收入税收问题的通知》指出：对个人购买社会福利有奖募捐奖券一次中奖收入不超过10 000元的暂免征收个人所得税，对一次中奖收入超过10 000元的，应按税法规定全额征税。本规定从6月1日起执行。凡以前已征个人所得税的，可不退税；未征个人所得税的，不补税。

2. 实训资料

（1）纳税人及扣缴义务单位基本信息，如表2-70所示。

公司名称：浙江衡信教育科技有限公司　电话：0571－56688101　邮编：330000

公司地址：浙江省杭州市滨江区南环路3738号

表2-70　职工信息

工号	姓名	性别	身份证号	职业	职务	户籍	学历
0020	丁细平	男	460101196607080014	专业技术人员	中层	滨江	本科
0021	许智平	男	120101198108090016	专业技术人员	中层	滨江	本科
0022	林元强	男	120101198606030016	专业技术人员	中层	滨江	本科
0023	詹光曹	男	130201198502280034	专业技术人员	中层	滨江	本科
0024	苏上责	男	130534199210190326	专业技术人员	中层	滨江	本科
0025	曾跃辉	男	130183199001261701	专业技术人员	中层	滨江	本科
0026	林芳	女	340801198201250087	专业技术人员	中层	滨江	本科
0027	陈小勇	男	230101197605230017	专业技术人员	中层	滨江	本科
0028	吴若泉	男	350402195202142013	专业技术人员	中层	滨江	本科
0029	林如海	男	230101197404150096	专业技术人员	中层	滨江	本科

（2）收入明细，如表2-71所示。

表2-71　收入明细　　　　　　单位：元

姓名	所得项目	收入额	实际捐赠额	准予扣除捐赠额	允许扣除税费
丁细平	利息股息红利所得	10 093.26	3 200.00	3 027.98	0.00
许智平	利息股息红利所得	6 930.26	1 500.00	1 500.00	0.00
林元强	财产转让所得	526 930.00	162 500.00	150 371.10	25 693.00
詹光曹	财产租赁所得	5 300.00	0.00	0.00	2 560.00
苏上责	财产租赁所得	3 500.00	0.00	0.00	600.00
曾跃辉	财产转让所得	256 930.00	7 300.00	7 300.00	1 236.00
林芳	财产转让所得	12 690.00	1 650.00	1 650.00	2 360.00
陈小勇	偶然所得	125 000.00	38 000.00	37 500.00	0.00
吴若泉	偶然所得	20 000.00	6 230.69	6 000.00	0.00
林如海	利息股息红利所得	569.21	0.00	0.00	0.00

五、V 3.0 个税代扣代缴网上申报教学版案例 5

1. 实训目的

（1）熟悉个人所得税纳税申报流程。

（2）熟悉、掌握个人所得税纳税申报原理。

（3）熟悉、掌握《中华人民共和国个人所得税法》及其实施条例的基本原理。

2. 实训资料

（1）纳税人及扣缴义务单位基本信息，如表 2-72 所示。

公司名称：宏远集团公司　电话：0571-56688101　邮编：330000

公司地址：浙江省杭州市六一路 999 号

表 2-72　员工信息

工号	姓　名	性别	身份证号	职业	职务	户籍	学历
0010	洪艺芳	男	370101196911080017	专业技术人员	中层	滨江	本科
0011	叶美珍	男	370101195609290019	专业技术人员	中层	滨江	本科
0012	林　芳	男	46010119850715007X	专业技术人员	中层	滨江	本科
0013	陈小勇	男	142601198604050016	专业技术人员	中层	滨江	本科
0014	吴若泉	男	230101198005040054	专业技术人员	中层	滨江	本科
0015	林如海	男	23010119830619003X	专业技术人员	中层	滨江	本科
0016	伊　晟	女	340801196307020125	专业技术人员	中层	滨江	本科
0017	赵瑞伟	男	230101197605230017	专业技术人员	中层	滨江	本科
0018	肖　智	男	230101197404150096	专业技术人员	中层	滨江	本科
0019	杨　李	女	350402195202142013	专业技术人员	中层	滨江	本科
0020	张　霆	女	130283199307038081	专业技术人员	中层	滨江	本科
0022	吕　燕	男	130425199401156129	专业技术人员	中层	滨江	本科
0023	马　娟	女	130121199204041822	专业技术人员	中层	滨江	本科
0024	马　申	女	130582199203030026	专业技术人员	中层	滨江	本科
0025	马　磊	女	130533199222355321	专业技术人员	中层	滨江	本科
0026	孟　荣	女	130183199001261701	专业技术人员	中层	滨江	本科
0027	孟令思	女	13018319920805198X	专业技术人员	中层	滨江	本科
0028	杨　子	女	130123199201085427	专业技术人员	中层	滨江	本科
0029	林小树	女	130106199209193020	专业技术人员	中层	滨江	本科
0030	马　强	女	421126199308152561	专业技术人员	中层	滨江	本科
0031	杨书华	女	42112619940330472X	专业技术人员	中层	滨江	本科
0032	陈小华	女	421127199403031924	专业技术人员	中层	滨江	本科

（2）工资薪金收入明细，如表 2-73 所示。

表 2-73　工资薪金收入明细　　　　　　　　　　单位：元

工号	姓　名	应发工资	基本医疗保险金	基本养老保险金	失业保险金	住房公积金
0010	洪艺芳	9 653.12	193.06	772.25	96.53	1 013.58
0011	叶美珍	5 632.91	112.66	450.63	56.33	591.46

工号	姓　名	应发工资	基本医疗保险金	基本养老保险金	失业保险金	住房公积金
0012	林　芳	8 596.56	171.93	687.72	85.97	902.64
0013	陈小勇	7 565.31	151.31	605.22	75.65	794.36
0014	吴若泉	5 068.13	101.36	405.45	50.68	532.15
0015	林如海	2 500.00	50.00	200.00	25.00	262.50
0016	伊　晟	7 256.20	145.12	580.50	72.56	761.90
0017	赵瑞伟	6 530.26	130.61	522.42	65.30	685.68
0018	肖　智	12 460.25	249.21	996.82	124.60	1 308.33
0019	杨　李	4 960.59	99.21	396.85	49.61	520.86
0020	张　霆	4 825.21	96.50	386.02	48.25	506.65
0022	吕　燕	6 140.40	122.81	491.23	61.40	644.74
0023	马　娟	5 403.79	108.08	432.30	54.04	567.40

（3）非工资薪金收入明细，如表2-74所示。

表2-74　非工资薪金收入明细　　　　　　　　　　　　　　单位：元

工号	姓　名	所得项目	收入额	实际捐赠额	准予扣除的捐赠额	允许扣除的税费
0024	马　申	劳务报酬所得	126 930.56	2 300.25	2 300.25	0.00
0025	马　磊	劳务报酬所得	10 596.42	0.00	0.00	0.00
0026	孟　荣	稿酬所得	8 692.69	1 200.00	1 200.00	0.00
0027	孟令思	稿酬所得	3 600.00	0.00	0.00	0.00
0028	杨　子	特许权使用费所得	256 300.00	3 600.00	3 600.00	6 896.51
0029	林小树	特许权使用费所得	123 860.21	3 600.00	3 600.00	3 600.23
0030	马　强	稿酬所得	259 030.26	5 600.00	5 600.00	0.00
0031	杨书华	特许权使用费所得	12 302.96	4 800.00	2 628.71	1 350.00
0032	陈小华	劳务报酬所得	96 050.36	2 500.00	2 500.00	0.00
0010	洪艺芳	利息股息红利所得	10 293.26	600.00	600.00	0.00
0011	叶美珍	利息股息红利所得	6 930.26	1 500.00	1 500.00	0.00
0012	林　芳	财产转让所得	106 930.00	12 500.00	12 500.00	5 693.00
0013	陈小勇	财产租赁所得	5 300.00	0.00	0.00	2 560.00
0014	吴若泉	财产租赁所得	3 500.00	0.00	0.00	600.00
0015	林如海	财产转让所得	12 690.00	1 650.00	1 650.00	2 360.00
0016	伊　晟	偶然所得	125 000.00	8 000.00	8 000.00	0.00
0017	赵瑞伟	偶然所得	20 000.00	5 000.00	5 000.00	0.00

（4）解除劳动合同一次性补偿收入明细，如表 2-75 所示。

表 2-75　解除劳动合同一次性补偿收入明细

工号	姓　名	补偿额（元）	免征额（元）	实际工作年限（年）
0016	伊　晟	168 900.00	40 897.31	7
0017	赵瑞伟	12 693.21	40 897.31	5
0018	肖　智	125 860.96	40 897.31	15
0019	杨　李	52 631.95	40 897.31	3
0020	张　霆	96 812.59	40 897.31	10
0022	吕　燕	125 843.02	40 897.31	8

（5）全年一次性奖金收入明细，如表 2-76 所示。

表 2-76　全年一次性奖金收入明细　　　　　　单位:元

工号	姓　名	年终奖	工号	姓　名	年终奖
0010	洪艺芳	9 600.00	0016	伊　晟	8 000.00
0011	叶美珍	16 050.00	0017	赵瑞伟	50 300.00
0012	林　芳	13 520.00	0018	肖　智	96 000.00
0013	陈小勇	12 531.00	0019	杨　李	12 580.00
0014	吴若泉	160 000.00	0020	张　霆	99 660.00
0015	林如海	189 532.00	0022	吕　燕	36 920.00

第 7 节　地税综合案例

V 3.0 地方税（费）纳税综合实训案例

1. 实训目的

（1）熟悉、掌握地方税（费）纳税综合申报表。

（2）熟悉、掌握地方税（费）纳税综合申报原理。

（3）熟悉、掌握《中华人民共和国房产税暂行条例》的基本原理。

2. 填报流程

（1）填写地方税（费）纳税综合申报表。

（2）报表发送、网上缴税。

（3）申报查询、系统评分，提交实训报告。

知识链接

教育费附加以各单位和个人实际缴纳的增值税、营业税、消费税的税额为计征依据，附加率为3%，分别与增值税、营业税、消费税同时缴纳。对从事生产卷烟和烟叶生产的单位，减半征收。

——国发明电〔1994〕第2号　国务院关于教育费附加征收问题的紧急通知

第三条　城市维护建设税，以纳税人实际缴纳的产品税、增值税、营业税税额为计税依据，分别与产品税、增值税、营业税同时缴纳。

第四条　城市维护建设税税率如下：纳税人所在地在市区的，税率为7%；纳税人所在地在县城、镇的，税率为5%；纳税人所在地不在市区、县城或镇的，税率为1%。

——国发〔1985〕19号　中华人民共和国城市维护税暂行条例

地方教育附加征收标准统一为单位和个人（包括外商投资企业、外国企业及外籍个人）实际缴纳的增值税、营业税和消费税税额的2%。已经财政部审批且征收标准低于2%的省份，应将地方教育附加的征收标准调整为2%，调整征收标准的方案由省级人民政府于2010年12月31日前报财政部审批。

——财综〔2010〕98号　财政部关于统一地方教育附加政策有关问题的通知

3. 实训资料

根据以下增值税小规模纳税申报表（见表2-77）进行地方税费纳税申报，假定本实训纳税人所在地为市区。

表2-77　增值税纳税申报表（适用小规模纳税人）

纳税人识别号：| 1 | 2 | 3 | 4 | 5 | 6 | 7 | 8 | 9 | 0 | 1 | 2 | 3 | 4 | 5 |

纳税人名称（公章）：××有限公司　　　　　　　　　　　　金额单位：元（列至角分）

税款所属期：2016年04月01日至2016年04月30日　　　　　填表日期：2016年05月03日

项　目	栏次	本期数		本年累计	
		应税货物及劳务	应税服务	应税货物及劳务	应税服务
一、计税依据 （一）应征增值税不含税销售额	1	33 980.58		237 106.58	
税务机关代开的增值税专用发票不含税销售额	2				
税控器具开具的普通发票不含税销售额	3				
（二）销售使用过的应税固定资产不含税销售额	4(4≥5)	7 766.99		7 766.99	
其中：税控器具开具的普通发票不含税销售额	5				
（三）免税销售额	6(6≥7)				
其中：税控器具开具的普通发票销售额	7				
（四）出口免税销售额	8(8≥9)				
其中：税控器具开具的普通发票销售额	9				

（续表）

项　　目	栏次	本期数		本年累计	
		应税货物及劳务	应税服务	应税货物及劳务	应税服务
二、税款计算　本期应纳税额	10	1 174.76		7 268.54	
本期应纳税额减征额	11	435.90		435.90	
应纳税额合计	12＝10－11	738.86		6 832.64	
本期预缴税额	13				
本期应补(退)税额	14＝12－13	738.86			

纳税人或代理人声明：本纳税申报表是根据国家税收法律法规及相关规定填报的,我确定它是真实的、可靠的、完整的。	如纳税人填报,由纳税人填写以下各栏：		
	办税人员：	财务负责人：	
	法定代表人：	联系电话：	
	如委托代理人填报,由代理人填写以下各栏：		
	代理人名称(公章)：	经办人：	联系电话：

第8节　财务报表案例

V 3.0 一般企业财务报表报送网上申报教学版案例

1. 实训目的

熟悉、掌握一般企业财务报表网上报送。

2. 实训流程

（1）设置税款所属期。

（2）填制纳税申报表。

（3）纳税申报、网上缴税。

（4）评分统计、打印实训报告。

3. 实训资料

众诚贸易有限公司 2016 年 3 月份财务报表如表 2-78 和表 2-79 所示。

资料一：利润表

表 2-78　利　润　表

编制单位：众诚贸易有限公司　　　　　　2016 年 3 月 30 日

项　　　　　目	行数	本期金额	本年累计
一、营业收入	1	415 811.97	415 811.97
减：营业成本	2	345 523.90	345 523.90
营业税金及附加	3		0.00

项　　目	行数	本期金额	本年累计
销售费用	4	0.00	0.00
管理费用	5	35 956.35	35 956.35
财务费用	6	−312.14	−312.14
资产减值损失	7		
加：公允价值变动收益(损失以"−"号填列)	8		
投资收益(损失以"−"号填列)	9		
其中：对联营企业各合营企业的投资收益	10		
二、营业利润(损失以"−"号填列)	11	34 643.86	34 643.86
加：营业外收入	12		
减：营业外支出	13		
其中：非流动资产处置损失	14		
三、利润总额(亏损总额以"−"号填列)	15	34 643.86	34 643.86
减：所得税费用	16	8 660.97	8 660.97
四、净利润(净亏损以"−"号填列)	17	25 982.89	25 982.89
五、每股收益	18		
(一)基本每股收益	19		
(二)稀释每股收益	20		

资料二：资产负债表

表 2-79　资 产 负 债 表

编制单位：众诚贸易有限公司　　　　2016 年 3 月 30 日　　　　　会企 01 表　单位：元

资　产	行次	期末数	年初数	负债和所有者权益(或股东权益)	行次	期末数	年初数
流动资产：				流动负债：			
货币资金	1	1 175 773.63	209 541.18	短期借款	34		
以公允价值计量且其变动计入当期损益的金融资产	2			以公允价值计量且其变动计入当期损益的金融负债	35		
应收票据	3			应付票据	36		
应收账款	4	499 749.21	375 700.95	应付账款	37	670 785.68	62 785.68
预付款项	5			预收款项	38	637 548.26	
应收利息	6			应付职工薪酬	39		
应收股利	7			应交税费	40	−14 404.65	−5 379.52
其他应收款	8	1 500	1 500	应付利息	41		
存货	9	164 293.54	73 920.00	应付股利	42		
划分为持有待售的资产	10			其他应付款	43		−407

（续表）

资　产	行次	期末数	年初数	负债和所有者权益 （或股东权益）	行次	期末数	年初数
一年内到期的非流动资产	11			划分为持有待售的负债	44		
其他流动资产	12			一年内到期的非流动负债	45		
流动资产合计	13	1 841 316.38	660 662.13	其他流动负债	46	1 293 929.29	56 999.16
非流动资产：	14			流动负债合计	47		
可供出售金融资产	15			非流动负债：	48		
持有至到期投资	16			长期借款	49		
长期应收款	17			应付债券	50		
长期股权投资	18			长期应付款	51		
投资性房地产	19			专项应付款	52		
固定资产	20	104 758.26	22 499.49	预计负债	53		
在建工程	21			递延所得税负债	54		
工程物资	22			其他非流动负债	55		
固定资产清理	23			非流动负债合计	56		
生产性生物资产	24			负债合计	56	1 293 929.29	56 999.16
油气资产	25			所有者权益（或股东权益）：	58		
无形资产	26			实收资本（或股本）	59	505 000	505 000
开发支出	27			资本公积	60	36 912.43	36 912.43
商誉	28			减：库存股	61		
长期待摊费用	29			其他综合收益	62		
递延所得税资产	30			盈余公积	63		
其他非流动资产	31			未分配利润	64	110 232.92	84 250.03
非流动资产合计	32	104 758.26	22 499.49	所有者权益合计	65	652 145.35	626 162.46
资产总计	33	1 946 074.64	683 161.62	负债和所有者权益 （或股东权益）合计	66	1 946 074.64	683 161.62

附录　全国税务技能大赛案例样题

一、竞赛任务（时间 180 分钟）

1. 增值税专用发票开具和抄报税（100 分）

开票员根据赛题业务资料一提供的开票业务（业务后注明"开票员"），完成增值税专用发票的开具与网上抄报税任务。

2. 税费计算与一般纳税人增值税网上申报（100 分）

税务会计根据赛题业务资料一提供的经济业务，结合开票员开具的销售发票，按要求完成各项税费的计算、一般纳税人增值税网上申报。

3. 财务报表的计算、填列与报送(100分)

税务会计根据赛题业务资料一提供的经济业务,按要求计算并填列资产负债、利润表相关数据。

财务主管审核税务会计填列的财务报表,并进行网上报送。

4. 企业所得税汇算清缴网上申报(100分)

财务主管根据赛题业务资料二提供的业务,判断并计算各项纳税数据,完成企业所得税汇算清缴网上申报任务。

二、纳税人基础信息

纳税人名称:杭州凯旋股份有限公司

纳税人识别号:330108161929996

公司成立时间:2009年1月29日

法人代表名称:李天佑

组织机构代码:16192999-6

经济性质:股份有限公司

注册资本:6 000万元

股东信息:李天佑(中国国籍,身份证号码:362321196210120154)投资比例75%;李太白(中国国籍,身份证号码:362321196209190061)投资比例25%。

开户银行:农行杭州高新支行

银行账号:19122901045996029

注册地址:杭州市滨江区滨安路1029号

电话号码:0571-86689001

营业地址:杭州市滨江区滨安路1029号

所属行业:1942羽毛(绒)制品加工

会计主管:方承旭

适用的会计准则:企业会计准则(一般企业)

会计核算软件:用友

记账本位币:人民币

会计档案存方地:公司档案室

会计政策和估计是否发生变化:否

固定资产折旧方法:年限平均法

存货成本计价方法:先进先出法

坏账损失核算方法:备抵法

所得税计算方法:资产负债表债务法

企业主要经营范围:毛绒玩具的生产、销售以及其他一切无需报经审批的合法项目。

企业2015年在职人员520人。

公司为非汇总纳税企业,增值税一般纳税人,税务局核定增值税专用发票最高开票限额为十万元,增值税普通发票的最高开票限额为百万元。

公司当月取得符合税收法规的进项税抵扣凭证,均于取得当月认证抵扣;所购买固定资产均在当月投入使用。

公司城市维护建设税征收率为7%、教育费附加为3%、地方教育费附加为2%。公司企业所得税按季预缴,年度汇算清缴。

公司2016年2月各税种均已按时足额申报纳税,其中增值税尚未抵扣的进项税额期末余额为0。

2016年3月期初原材料库存情况如附表1所示。

附表1 期初原材料库存

原材料名称	期初存量(吨)	单价(元/吨)	金 额(元)
PP棉	200	7 500	1 500 000
剪毛布	500	3 600	1 800 000
毛绒布	300	5 000	1 500 000
蜜丝绒	200	6 000	1 200 000

公司主要商品价格如附表2所示。

附表2 企业商品批发价格一览表

商品名称	型 号	单 位	批发价(不含税)(元)
龙猫	80 cm×60 cm	只	75
大脸猫	80 cm×60 cm	只	60
哆啦A梦	80 cm×60 cm	只	72
泰迪熊	80 cm×60 cm	只	66
海绵宝宝	80 cm×60 cm	只	62
阿狸	80 cm×60 cm	只	70
Hello Kitty	80 cm×60 cm	只	80
大白	80 cm×60 cm	只	52
小黄人	80 cm×60 cm	只	50

业务资料一

2016年3月公司发生如下经济业务。

经济业务1

2日,向稠城歌林日用杂货商行(纳税识别号:330199999000067)销售龙猫(80 cm×60 cm)10 000只,不含税款75元/只,Hello Kitty(80 cm×60 cm)15 000只,不含税款80元/只,款项未收,请开具增值税专用发票。(开票员)出库单如附图1所示。

经济业务2

3日,向康民日用品有限公司(纳税识别号:440199999000454)销售泰迪熊(80 cm×60 cm)20 000只,不含税价为66元/只,阿狸(80 cm×60 cm)10 000只,不含税价为70元/只,哆啦A梦(80 cm×60 cm)5 000只,不含税价为72元/只。收到货款784 600元,余款尚未收到,出库单和进账单如附图2和附图3所示。请开具增值税专用发票。(开票员)

出库单　　No 0000001

会计部门编号 01
仓库部门编号 02　　　　2016 年 03 月 02 日

编号	名称	规格	单位	出库数量	单价	金额	备注
	龙猫		只	10 000	45.00	450 000.00	
	Hello Kitty		只	15 000	50.00	750 000.00	
合　计				25 000		1 200 000.00	

生产车间或部门：生产一部　　　　　　仓库管理员：张三

第二联交财务部

附图 1　出库单(1)

出库单　　No 0000002

会计部门编号 01
仓库部门编号 02　　　　2016 年 03 月 03 日

编号	名称	规格	单位	出库数量	单价	金额	备注
	泰迪熊	80cm×60cm	只	20 000	36.00	720 000.00	
	阿狸	80cm×60cm	只	10 000	40.00	400 000.00	
	哆啦A梦	80cm×60cm	只	5 000	42.00	210 000.00	
合　计				35 000		1 330 000.00	

生产车间或部门：生产二部　　　　　　仓库管理员：张三

第二联交财务部

附图 2　出库单(2)

附图 3　进账单(1)

经济业务 3

5 日,从立天实业有限公司(纳税识别号:330199999000028)采购 PP 棉 40 吨、剪毛布 200 吨、毛绒布 100 吨,蜜丝绒 80 吨。商品已验收入库,取得增值税专用发票,如附图 4 所示。款项未付。

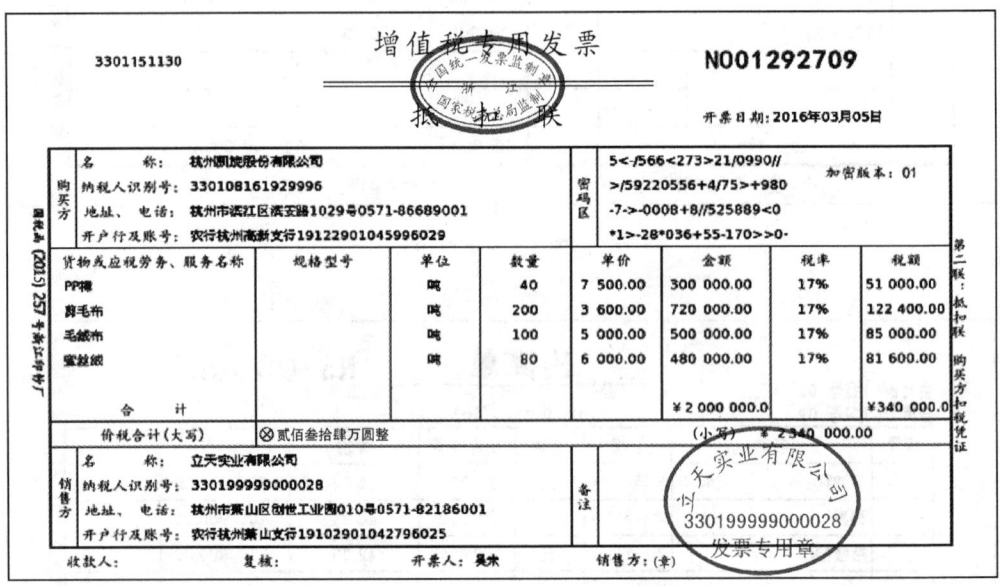

附图 4　增值税专用发票(1)

入库单　　No0000001

送货厂商:

物料类别: ☑ 原材料　　□ 成品　　□ 其他　　　2016 年 03 月 05 日

品名/牌号	订单号	规格	数量	单位	单价	金额
PP棉			40	吨	7 500.00	300 000.00
剪毛布			200	吨	3 600.00	720 000.00
毛绒布			100	吨	5 000.00	500 000.00
蜜丝绒			80	吨	6 000.00	480 000.00
合计			420	吨		2 000 000.00

主管:　　　　品管:　　　　仓库:张三　　　　送货人:

第二联交财务部

附图 5　入库单(1)

经济业务 4

6 日,向雅美特工贸有限公司(纳税识别号:330199999000091)销售大脸猫(80 cm× 60 cm)5 000 只,不含税价格为 60 元/只,海绵宝宝(80 cm×60 cm) 10 000 只,不含税价格为 62 元/只,并给予客户 5% 商业折扣。出库单和进账单如附图 6 和附图 7 所示。款项已收,请开具增值税专用发票。(开票员)

出库单　　No 0000003

会计部门编号 01
仓库部门编号 03

2016 年03 月06 日

编号	名称	规格	单位	出库数量	单价	金额	备注
	大脸猫		只	5 000	25.00	125 000.00	
	海绵宝宝		只	10 000	30.00	300 000.00	
	合　计			15 000		425 000.00	

生产车间或部门：生产一部　　　　仓库管理员：张三

第二联 交财务部

附图6　出库单(3)

附图7　进账单(2)

经济业务5

6日，从威惠教学设备有限公司(纳税人识别号：440199999000590)采购办公用品一批，商品由行政部门直接领用，取得增值税专用发票，如附图8所示。款项未付。

附图8 增值税专用发票(2)

经济业务6

7日,收到多思通实业有限公司(纳税人识别号:440199999000244)寄来广告费用增值税专用发票一份,如附图9所示。款项已在2月份预付。

附图9 增值税专用发票(3)

经济业务7

8日,从潮阳区星星实业有限公司(纳税人识别号:440199999000410 小规模纳税人)采购 PP棉 40 吨、毛绒布 40 吨。商品已验收入库,入库单如附图 10,取得增值税普通发票,如附图 11 所示。款项未付。

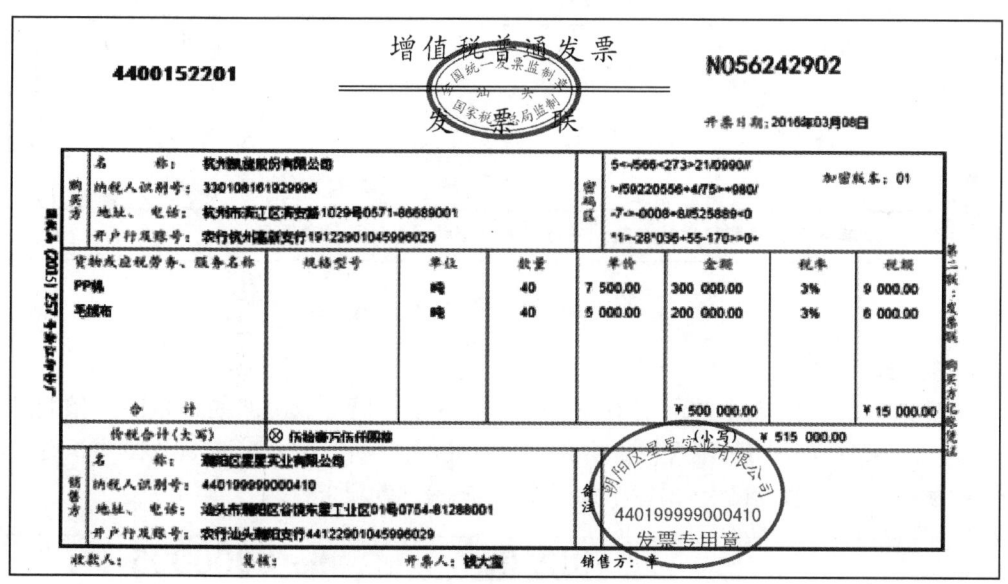

附图 10　入库单(2)

附图 11　增值税专用发票(4)

经济业务8

9日,向陈红实业有限公司(纳税识别号:440199999000390)销售大白(80 cm×60 cm)10 000 只,不含税价格为 52 元/只,小黄人(80 cm×60 cm) 10 000 只,不含税价格为 50 元/只,货物已发,出库单如附图 12 所示。款项已收,进账单如附图 13 所示。(开票员)

出库单　　No 0000004

会计部门编号 01
仓库部门编号 06　　　　2016 年03 月09 日

编号	名称	规格	单位	出库数量	单价	金额	备注
	大白		只	10 000	22.00	220 000.00	
	小黄人		只	10 000	20.00	200 000.00	
	合　计			20 000		420 000.00	

生产车间或部门:生产二部　　　　　　仓库管理员:张三

第二联交财务部

附图 12　出库单(4)

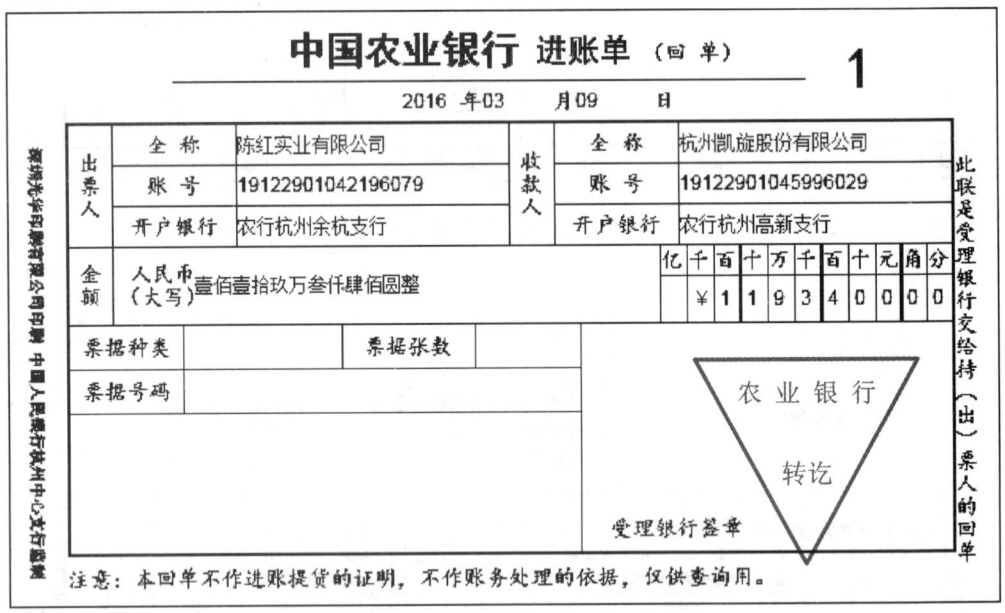

中国农业银行 进账单 （回 单）　　1

2016 年03 月09 日

出票人	全　称	陈红实业有限公司	收款人	全　称	杭州凯旋股份有限公司
	账　号	19122901042196079		账　号	19122901045996029
	开户银行	农行杭州余杭支行		开户银行	农行杭州高新支行

金额	人民币(大写)壹佰壹拾玖万叁仟肆佰圆整	亿	千	百	十	万	千	百	十	元	角	分
			￥	1	1	9	3	4	0	0	0	0

票据种类　　　　　票据张数
票据号码

农业银行
转讫
受理银行签章

注意:本回单不作进账提货的证明,不作账务处理的依据,仅供查询用。

此联是受理银行交给持（出）票人的回单

附图 13　进账单(3)

经济业务 9

11 日,向江北铭宏国光化工有限公司(纳税识别号:440199999000466)销售大白
(80 cm×60 cm) 10 000 只,不含税价格为 52 元/只,大脸猫(80 cm×60 cm)10 000 只,不含
税价格为 60 元/只,货物已发,出库单如附图 14 所示。款项未收。(开票员)

出库单　　No 0000005

会计部门编号 01
仓库部门编号 06　　　　2016 年03 月11 日

编号	名称	规格	单位	出库数量	单价	金额	备注
	大白		只	10 000	22.00	220 000.00	
	大脸猫		只	10 000	25.00	250 000.00	
	合　计			20 000		470 000.00	

生产车间或部门:生产二部　　　　　　仓库管理员:张三

第二联交财务部

附图 14　出库单(5)

经济业务 10

12 日,收到杭州市电力公司电费增值税专用发票一张,如附图 15 所示。本月用电
20 000度,其中生产车间用电 18 000 度,行政管理部门用电 2 000 度,款项由已由银行支付。

附图 15　增值税专用发票(5)

经济业务 11

12 日,收到杭州市水务公司水费增值税专用发票一张,如附图 16 所示。本月用水
25 000吨,其中生产车间用水 24 000 吨,行政管理部门用水 1 000 吨,款项已由银行支付。

附图 16　增值税专用发票(6)

经济业务 12

13 日,因意外失火,导致一批物资被烧毁,其中:PP 棉 10 吨、毛绒布 15 吨。损毁的物资为 2016 年 1 月购入,进项税额已在购入当月按 17% 进行抵扣。资产清查报告单如附表 3 所示。

附表 3　资产清查报告单

单位:杭州凯旋股份有限公司 　　　　　　　　　　　　　　　　　　　2016 年 03 月 15 日

清查对象	失火被毁物资	存放地点	三仓库
清查人员	财务部方承旭、行政部刘小芸		
清 查 原 因			
3 月 13 日,存放三仓库内意外失火,导致一批物资被毁。			
清 查 结 果			
3 月 13 日,仓库管理员张三发现三仓库意外失火。经财务部财务经理方承旭、行政部刘小芸联合清查,三仓库失火原因为管理不善导致起火。 　　经清查统计,此次被毁 PP 棉 10 吨,金额为 75 000.00 元,毛绒布 15 吨,金额为 75 000.00 元。			
处 理 意 见			
损毁物资已无法使用,按作废处理。			
查清人签字	方承旭、刘小芸		
财务经理	方承旭	总经理	李天佑

经济业务 13

14 日,与华光科技开发有限公司(纳税识别号:330199999000035)签订购销合同一份。合同编号 XS201603001,合同标的为玩具一批,银行已收到货款,合同标的清单如附表 4 所示。出库单和进账单如附图 17 至附图 20 所示。请开具带销货清单的增值税专用发票,在备注栏内注明"合同编号 XS201603001"。(开票员)

附表 4　合同标的清单(1)

货物名称	规格型号	单位	数量	不含税单价
龙猫	80 cm×60 cm	只	10 000	75.00
大脸猫	80 cm×60 cm	只	10 000	60.00
哆啦 A 梦	80 cm×60 cm	只	10 000	72.00
泰迪熊	80 cm×60 cm	只	10 000	66.00
海绵宝宝	80 cm×60 cm	只	10 000	62.00
阿狸	80 cm×60 cm	只	10 000	70.00
Hello Kitty	80 cm×60 cm	只	10 000	80.00
大白	80 cm×60 cm	只	10 000	52.00
小黄人	80 cm×60 cm	只	10 000	50.00

出库单   No 0000006

会计部门编号 01
仓库部门编号 12   2016 年03 月14 日

编号	名称	规格	单位	出库数量	单价	金额	备注
	龙猫		只	10 000	45.00	450 000.00	
	大脸猫		只	10 000	25.00	250 000.00	
	哆啦A梦		只	10 000	42.00	420 000.00	
	合　计			30 000		1 120 000.00	

生产车间或部门:生产二部　　　　仓库管理员:张三

第二联交财务部

附图 17　出库单(6)

出库单   No 0000007

会计部门编号 01
仓库部门编号 02   2016 年03 月14 日

编号	名称	规格	单位	出库数量	单价	金额	备注
	泉迪熊		只	10 000	36.00	360 000.00	
	海绵宝宝		只	10 000	30.00	300 000.00	
	阿狸		只	10 000	40.00	400 000.00	
	合　计			30 000		1 060 000.00	

生产车间或部门:生产二部　　　　仓库管理员:张三

第二联交财务部

附图 18　出库单(7)

出库单   No 0000008

会计部门编号 01
仓库部门编号 06   2016 年03 月14 日

编号	名称	规格	单位	出库数量	单价	金额	备注
	Hello Kitty		只	10 000	50.00	500 000.00	
	大白		只	10 000	22.00	220 000.00	
	小黄人		只	10 000	20.00	200 000.00	
	合　计			30 000		920 000.00	

生产车间或部门:生产二部　　　　仓库管理员:张三

第二联交财务部

附图 19　出库单(8)

中国农业银行 进账单 （回单）　1

2016 年03 月14 日

出票人	全　称	华光科技开发有限公司		收款人	全　称	杭州凯旋股份有限公司
	账　号	19122901042526022			账　号	19122901045996029
	开户银行	农行杭州桐庐支行			开户银行	农行杭州高新支行

金额	人民币（大写）陆佰捌拾陆万柒仟玖佰圆整	亿	千	百	十	万	千	百	十	元	角	分
			￥	6	8	6	7	9	0	0	0	0

票据种类

票据张数

票据号码

农业银行

转讫

受理银行签章

注意：本回单不作进账提货的证明，不作账务处理的依据，仅供查询用

此联是受理银行交给持（出）票人的回单

附图 20　进账单（4）

经济业务 14

15 日，从威惠教学设备有限公司（纳税识别号：440199999000590）购入企业产业链管理软件一套，价税合计 234 000.00 元，已验收入库，如附图 21 所示。款项未付，取得增值税专用发票一份，如附图 22 所示。该软件当月交管理部门使用，按无形资产管理，摊销年限为 10 年。

入库单　　№0000003

送货厂商：

物料类别：☐ 原材料　☐ 成品　☑ 其他　　　　2016 年03 月15 日

品名/牌号	订单号	规格	数量	单位	单价	金额
企业产业链管理软件		V6.6	1	套	200 000.00	200 000.00

主管：　　　　品管：　　　　仓库：张三　　　　送货人：

第二联 交财务部

附图 21　入库单（3）

附图22　增值税专用发票(7)

经济业务15

15日,从威惠教学设备有限公司(纳税识别号:440199999000590)购入不需安装的玩具自动封装机,不含税价为300 000.00元,设备已验收,并投入使用,如附图23所示。款项尚未支付,取得增值税专用发票一份,如附图24所示。

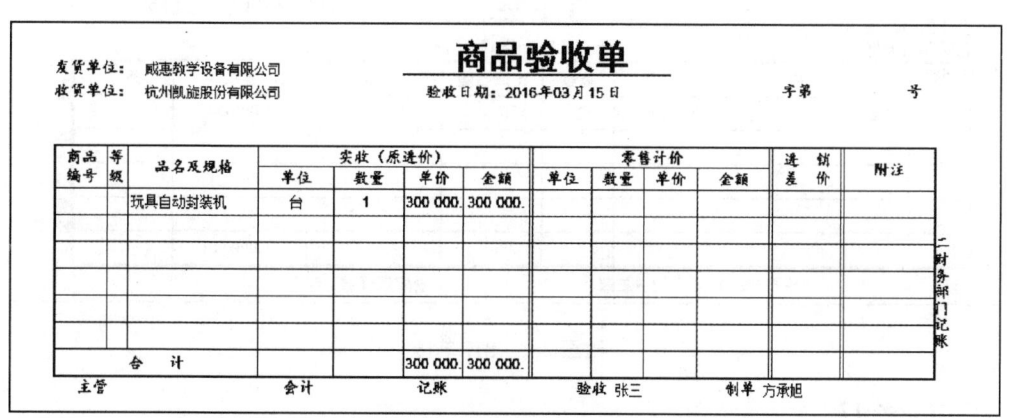

附图23　商品验收单

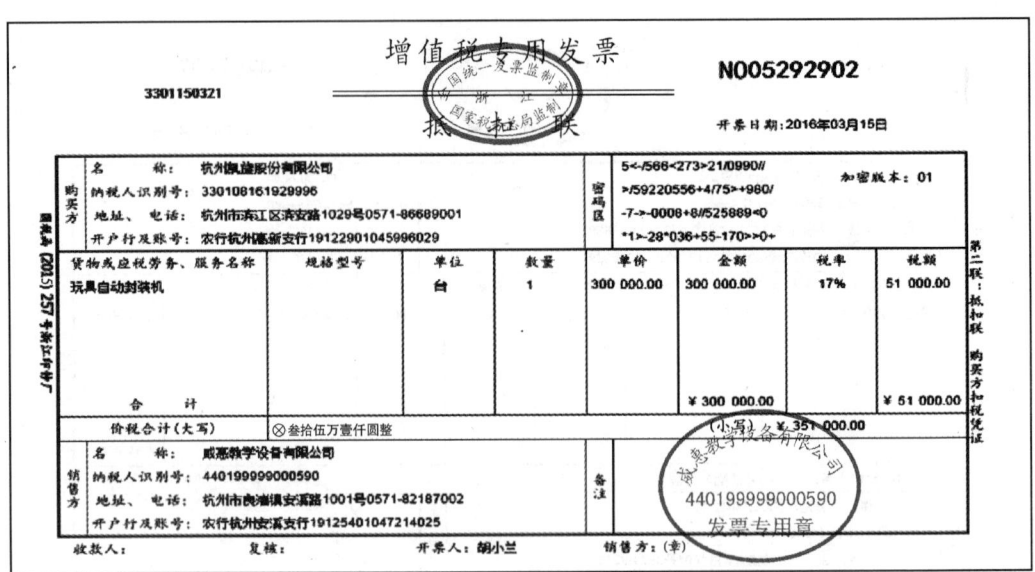

附图 24　增值税专用发票(8)

经济业务 16

17 日,为庆祝新玩具生产线成功下线,公司将龙猫 200 只作为福利发放给员工。出库单如附图 25 所示。

出库单　No 0000009

会计部门编号 01			2016 年03	月17	日			
仓库部门编号 06								
编号	名称	规格	单位	出库数量	单价	金额	备注	
	龙猫	80cm×60cm	只	200	45.00	9 000.00		
	合　计			200		9 000.00		
生产车间或部门:生产二部				仓库管理员:张三				

附图 25　出库单(9)

经济业务 17

17 日,向小规模纳税人东进水带有限公司(纳税识别号:330199999000147)购入 PP 棉 10 吨,每吨价格为 7 725 元。款项未付,取得增值税普通发票一份,如附图 26 所示。

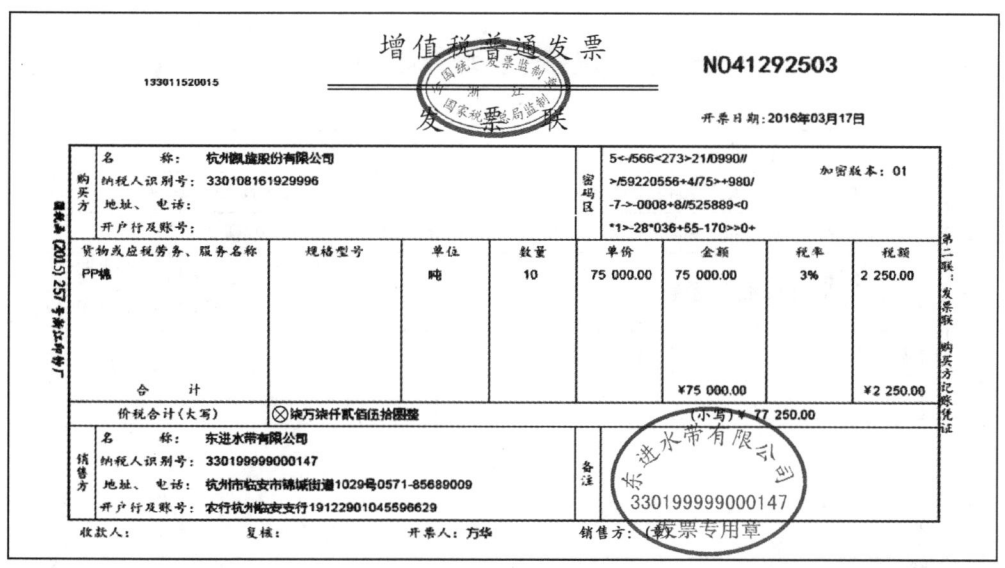

附图26 增值税专用发票(9)

经济业务18

19日,向稠城歌林日用杂货商行(纳税识别号:330199999000067)销售大脸猫(80 cm×60 cm) 10 000只,不含税价格为60元/只,Hello Kitty (80 cm×60 cm) 10 000只,不含税价格为80元/只,为回馈老客户,给予"2/10,1/20,n/30"的现金折扣,货物当日发出。27日,收到货款。出库单和进账单如附图27和附图28所示。(开票员)

会计部门编号 01	**出库单**				No 0000010		
仓库部门编号		2016 年03 月19 日					
编号	名称	规格	单位	出库数量	单价	金额	备注
	大脸猫		只	10 000	25.00	250 000.00	
	Hello Kitty		只	10 000	50.00	500 000.00	
	合 计			20 000		750 000.00	

生产车间或部门:生产一部   仓库管理员:张三

附图27 出库单(10)

「税务」

Shuiwu
系列教材 Xilie Jiaocai

中国农业银行 进账单 （回单）

1

2016 年03 月27 日

出票人	全 称	桐城歌林日用杂货商行	收款人	全 称	杭州凯旋股份有限公司
	账 号	19122901042526024		账 号	19122901045996029
	开户银行	农行杭州桐庐支行		开户银行	农行杭州高新支行

金额	人民币（大写）壹佰陆拾壹万圆整	亿	千	百	十	万	千	百	十	元	角	分
			¥	1	6	1	0	0	0	0	0	0

票据种类		票据张数	
票据号码			

农业银行
转讫

受理银行签章

注意：本回单不作进账提货的证明，不作账务处理的依据，仅供查询用。

此联是受理银行交给持（出）票人的回单

附图 28 进账单(5)

经济业务 19

20 日,与华光科技开发有限公司(纳税识别号:330199999000035)签订购销合同一份,合同编号 XS201603002,合同标的为玩具一批,并给予客户 10% 商业折扣。银行已收到货款,合同标的清单如附表 5 所示,出库单和进账单如附图 29 至附图 33 所示。请开具带销货清单的增值税专用发票,在备注栏内注明"合同编号 XS201603002"。(开票员)

附表 5 合同标的清单(2)

货物名称	规格型号	单位	数量	不含税单价
龙猫	80 cm×60 cm	只	20 000	75.00
大脸猫	80 cm×60 cm	只	20 000	60.00
哆啦 A 梦	80 cm×60 cm	只	20 000	72.00
泰迪熊	80 cm×60 cm	只	20 000	66.00
海绵宝宝	80 cm×60 cm	只	20 000	62.00
阿狸	80 cm×60 cm	只	20 000	70.00
Hello Kitty	80 cm×60 cm	只	20 000	80.00
大白	80 cm×60 cm	只	20 000	52.00
小黄人	80 cm×60 cm	只	20 000	50.00

出库单 No 0000011

会计部门编号 01
仓库部门编号 12

2016 年03 月20 日

编号	名称	规格	单位	出库数量	单价	金额	备注
	龙猫	80cm×60cm	只	20 000	45.00	900 000.00	
	大脸猫	80cm×60cm	只	20 000	25.00	500 000.00	
	哆啦A梦	80cm×60cm	只	20 000	42.00	840 000.00	
合　计				60 000		2 240 000.00	

生产车间或部门:生产二部　　　　　　　　仓库管理员：张三

第二联 交财务部

附图 29　出库单(11)

出库单 No 0000012

会计部门编号 01
仓库部门编号 02

2016 年03 月20 日

编号	名称	规格	单位	出库数量	单价	金额	备注
	泰迪熊	80cm×60cm	只	20 000	36.00	720 000.00	
	海绵宝宝	80cm×60cm	只	20 000	30.00	600 000.00	
	阿狸	80cm×60cm	只	20 000	40.00	800 000.00	
合　计				60 000		2 120 000.00	

生产车间或部门:生产二部　　　　　　　　仓库管理员：张三

第二联 交财务部

附图 30　出库单(12)

出库单 No 0000013

会计部门编号 01
仓库部门编号 06

2016 年03 月20 日

编号	名称	规格	单位	出库数量	单价	金额	备注
	Hello Kitty	80cm×60cm	只	20 000	50.00	1 000 000.00	
	大白	80cm×60cm	只	20 000	22.00	440 000.00	
	小黄人	80cm×60cm	只	20 000	20.00	400 000.00	
合　计				60 000		1 840 000.00	

生产车间或部门:生产二部　　　　　　　　仓库管理员：张三

第二联 交财务部

附图 31　出库单(13)

中国农业银行 进账单 （回 单） 1

2016 年03 月20 日

深圳光华印刷有限公司印制 中国人民银行杭州中心支行监制

出票人	全 称	华光科技开发有限公司	收款人	全 称	杭州凯旋股份有限公司
	账 号	19122901042526022		账 号	19122901045996029
	开户银行	农行杭州桐庐支行		开户银行	农行杭州高新支行
金额	人民币（大写）	壹仟贰佰叁拾陆万贰仟贰佰贰拾圆整			

亿	千	百	十	万	千	百	十	元	角	分
¥	1	2	3	6	2	2	2	0	0	0

票据种类		票据张数	
票据号码			

农 业 银 行 转讫

受理银行签章

此联是受理银行交给持（出）票人的回单

注意：本回单不作进账提货的证明，不作账务处理的依据，仅供查询用。

附图 32 进账单(6)

经济业务 20

21 日，生产一部领用 PP 棉 50 吨，剪毛布 50 吨，毛绒布 50 吨，蜜丝绒 50 吨，用于生产毛绒玩具。出库单如附图 33 所示。

出库单 No 0000014

会计部门编号 01

仓库部门编号 09

2016 年03 月21 日

编号	名称	规格	单位	出库数量	单价	金额	备注
	PP棉		吨	50	7 500.00	375 000.00	
	剪毛布		吨	50	3 600.00	180 000.00	
	毛绒布		吨	50	5 000.00	250 000.00	
	蜜丝绒		吨	50	6 000.00	300 000.00	
	合 计			200		1 105 000.00	

第二联交财务部

生产车间或部门：生产一部　　仓库管理员：张三

附图 33 出库单(14)

经济业务 21

22 日，以“买一送一”方式向稠城歌林日用杂货商行（纳税识别号：330199999000067）销售龙猫（80 cm×60 cm）、小黄人（80 cm×60 cm），各 10 000 只，取得货款合计 1 170 000 元，货物已发，款项已收。出库单和进账单如附图 34 所示和附图 35 所示。（开票员）

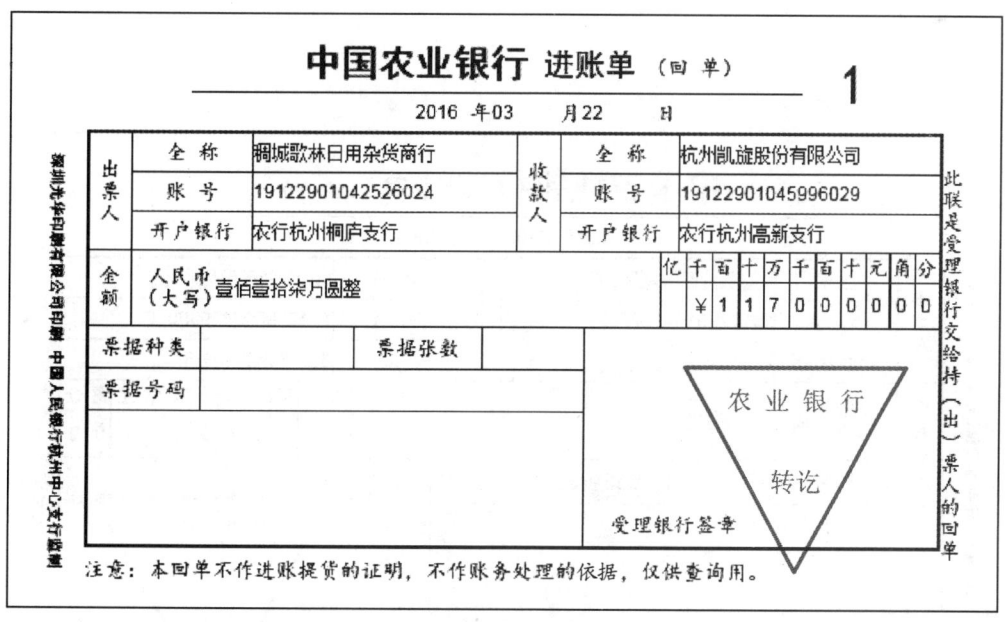

附图 34　出库单(15)

附图 35　进账单(7)

经济业务 22

23 日,向强盟实业股份有限公司(纳税识别号:330199999000026)销售阿狸 80 cm×60 cm,10 000 只,不含税价格为 70 元/只;Hello Kitty 80 cm×60 cm,10 000 只,不含税价格为 80 元/只。货物已发,款项未收。领用单独计价包装物的成本为 30 000 元,销售收入为 60 000 元,增值税税额为 10 200 元,款项已收。出库单和进账单如附图 36 和附图 37 所示。(开票员)

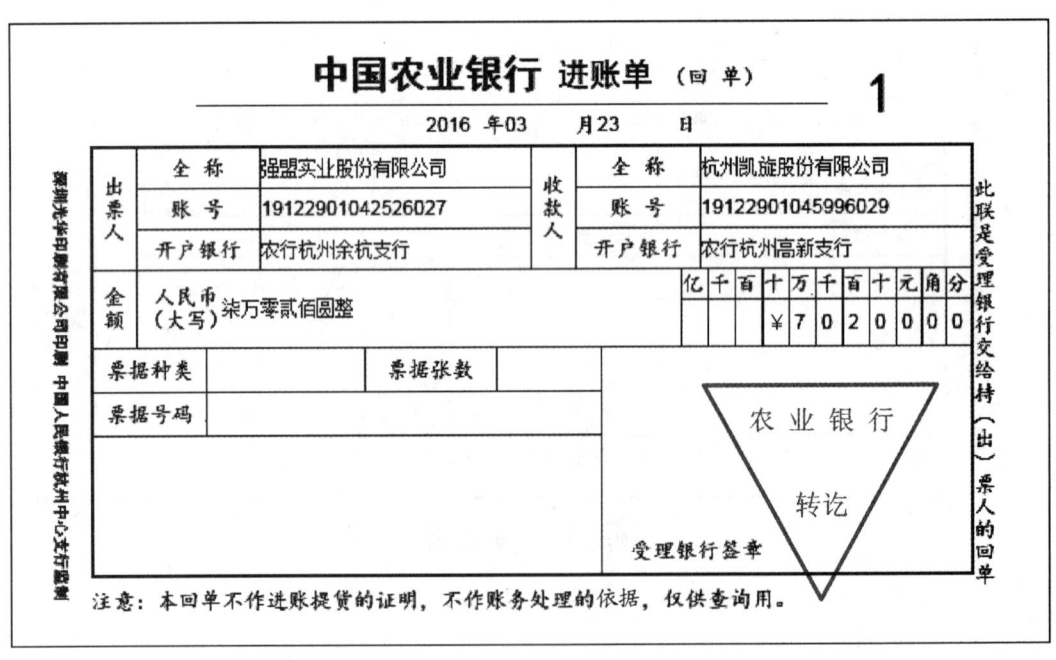

编号	名称	规格	单位	出库数量	单价	金额	备注
	阿狸	80cm×60cm	只	10 000	40.00	400 000.00	
	Hello Kitty	80cm×60cm	只	10 000	50.00	500 000.00	
合　计				20 000		900 000.00	

出库单　No 0000016

会计部门编号 01
仓库部门编号
2016 年03 月23 日

生产车间或部门：生产一部　　仓库管理员：张三

附图 36　出库单(16)

中国农业银行 进账单 （回单）　1

2016 年03 月23 日

出票人	全称	强盟实业股份有限公司	收款人	全称	杭州凯旋股份有限公司
	账号	19122901042526027		账号	19122901045996029
	开户银行	农行杭州余杭支行		开户银行	农行杭州高新支行

金额	人民币（大写） 柒万零贰佰圆整	亿	千	百	十	万	千	百	十	元	角	分
				¥	7	0	2	0	0	0	0	0

票据种类		票据张数	
票据号码			

农业银行
转讫

受理银行签章

注意：本回单不作进账提货的证明，不作账务处理的依据，仅供查询用。

附图 37　进账单(8)

经济业务 23

25 日,以新生产线试运行生产的毛绒玩具超人(80 cm×60 cm)10 000 只,向迦南包装物商行(纳税识别号:330199999000056)投资入股,持股比例为 5%,该毛绒玩具的成本为 60 元/只,成本利润率为 20%,无同类产品售价。出库单如附图 38 所示。

出库单						No 0000017	

会计部门编号 01
仓库部门编号 08

2016 年03 月25 日

编号	名称	规格	单位	出库数量	单价	金额	备注
	超人	80cm×60cm	只	10 000	60.00	600 000.00	
合 计				10 000		600 000.00	

生产车间或部门:生产一部   仓库管理员:张三

附图 38 出库单(17)

经济业务 24

25 日,计提本月折旧。折旧计提表如附表 6 所示。

附表 6 折 旧 计 提 表

单位:杭州凯旋股份有限公司   2016 年 03 月 25 日   单位:元

科 目	行政部	经理室	财务部	生产车间	销售部
机器设备				229 620.99	
其他资产	106 509.87	12 600.59	2 105.55		9 163.00

经济业务 25

25 日,计算本月无形资产摊销额与累计摊销额。无形资产摊销表如附表 7 所示。

附表 7 无形资产摊销表

单位:杭州凯旋股份有限公司   2016 年 03 月 25 日   单位:元

名 称	购入时间	原值	摊销年限	月摊销额	累计摊销额	使用部门
专利权	2009.12.10	1 800 000.00	10 年			行政部
产业链管理软件	2016.03.15	200 000.00	10 年			销售部

制单人: 审核人:

经济业务 26

计算 3 月份应缴纳的增值税。应缴增值税计算表如附表 8 所示。

附表 8 应缴增值税计算表

单位:杭州凯旋股份有限公司   2016 年 03 月 31 日   单位:元

项 目	一般货物、应税劳务及服务金额
期初留抵税额	
销项税额	
进项税额	
进项税额转出	
减免税额	
应缴增值税	
期末留抵税额	

制单人: 审核人:

经济业务 27

计算 3 月份应缴纳的城市维护建设税、教育费附加和地方教育费附加,如附表 9 所示。

附表 9　应缴城市维护建设税与教育费附加计算表

单位:杭州凯旋股份有限公司　　　　　2016 年 03 月 31 日　　　　　　　　　　单位:元

税　种	适用税率	计税金额	税　率	应缴税额
城市维护建设税	增值税		7%	
	消费税		7%	
	营业税		7%	
	小　计			
教育费附加	增值税		3%	
	消费税		3%	
	营业税		3%	
	小　计			
地方教育费附加	增值税		2%	
	消费税		2%	
	营业税		2%	
	小　计			

制单人:　　　　　　　　　　　　　　　　　　　　　　　　　审核人:

经济业务 28

将金税卡时间修改到 2016 年 04 月 02 日,并进行抄报税处理。(开票员)

经济业务 29

根据上述 2016 年 03 月份经济业务资料见附表 10,编制 3 月份利润表,并申报利润表,假设没有其他经济业务影响所需填列的项目本月数。

附表 10　利　润　表

编制单位:杭州凯旋股份有限公司　　　　　2016 年 03 月　　　　　　　　　　单位:元

项　目	本月数	本年累计
一、营业收入	(一)	71 757 000.00
减:营业成本	(二)	43 426 800.00
营业税金及附加	(三)	12 383 672.00
销售费用	2 708 512.60	9 125 429.00
管理费用	1 926 528.42	5 719 067.00
财务费用	361 726.18	902 612.00
资产减值损失	150 000.00	200 000.00
加:公允价值变动收益(损失以"—"号填列)		
投资收益(损失以"—"号填列)	10 000.00	
其中:对联营企业和合营企业的投资收益		

（续表）

项　　目	本月数	本年累计
二、营业利润（亏损以"－"号填列）		－580.00
加：营业外收入	27 000.00	5 000.00
减：营业外支出	379 254.00	12 000.00
其中：非流动资产处置净损失		
三、利润总额（亏损总额以"－"号填列）	（四）	－7 580.00
减：所得税费用	（五）	
四、净利润（净亏损以"－"号填列）	（六）	－7 580.00
五、每股收益：		
（一）基本每股收益		
（二）稀释每股收益		
六、其他综合收益		
七、综合收益总额		

经济业务 30

根据上述 2016 年 03 月份经济业务资料，编制 3 月份资产负债表（见附表 11），假设没有其他经济业务影响所需填列的项目，请分析填例负债和所有者权益总计、所有者权益合计、未分配利润、盈余公积项目期末数（盈余公积按照 10％计提），并申报资产负债表。

附表 11　资 产 负 债 表

编制单位：杭州凯旋股份有限公司　　　　2016 年 03 月 31 日　　　　　　　　单位：元

资　　产	期末数	期初数	负债和所有者权益	期末数	期初数
流动资产：			流动负债：		
货币资金	36 201 544.75	22 588 524.75	短期借款	3 200 000.00	
以公允价值计量且其变动计入当期损益的金融资产			以公允价值计量且其变动计入当期损益的金融负债		
应收票据			应付票据	3 250 000.00	
应收账款	1 204 000.00	2 703 700.00	应付账款	2 250 120.00	2 002 790.09
预付款项	859 200.00	2 185 205.00	预收款项	1 082 100.00	
应收利息			应付职工薪酬	3 019 500.02	2 020 921.61
应收股利			应交税费	2 405 610.33	2 926 252.35
其他应收款	354 000.75	3 007 475.00	应付利息	300 000.00	
存货	2 501 587.50	3 366 573.61	应付股利		
划分为持有待售的资产			其他应付款	1 352 400.65	521 959.95
一年内到期的非流动资产			划分为持有待售的负债		
其他流动资产			一年内到期的非流动负债		
流动资产合计	41 120 333.00	34 851 478.36	其他流动负债		
			流动负债合计	16 859 731.00	7 471 924.00

（续表）

资　产	期末数	期初数	负债和所有者权益	期末数	期初数
非流动资产：			非流动负债：		
可供出售金融资产			长期借款		
持有至到期投资			应付债券		
长期应收款			长期应付款		
长期股权投资	5 000 000.00	5 000 000.00	专项应付款		
投资性房地产			预计负债		
固定资产	36 087 027.00	34 697 505.64	递延所得税负债		
在建工程			其他非流动负债		
工程物资			非流动负债合计		
固定资产清理			负债合计	16 859 731.00	7 471 924.00
生产性生物资产			所有者权益（或股东权益）：		
油气资产			实收资本（或股本）	60 000 000.00	60 000 000.00
无形资产	8 554 921.00	4 876 980.00	资本公积		
开发支出			减：库存股		
商誉			其他综合收益		
长期待摊费用			盈余公积		1 882 012.89
递延所得税资产					
其他非流动资产			未分配利润		10 072 027.11
非流动资产合计	49 641 948.00	44 574 485.64	所有者权益合计		71 954 040.00
资产总计	90 762 281.00	79 425 964.00	负债和所有者权益总计		79 425 964.00

经济业务 31

2016 年 4 月 2 日，销售陈红实业有限公司（纳税识别号：440199999000390）的大白与小黄人（经济业务 8），客户要求退货，经协商公司同意退货并已验收退库入库单如附图 39 所示。请开具红字增值税专用发票。（开票员）

入库单　　　　No0000004

送货厂商：

物料类别：□ 原材料　☑ 成品　□ 其他　　　2016 年04 月02 日

品名/牌号	订单号	规格	数量	单位	单价	金额
大白		80cm×60cm	10 000	只	22.00	220 000.00
小黄人		80cm×60cm	10 000	只	20.00	200 000.00

主管：　　　　品管：　　　　仓库：张三　　　　送货人：

附图 39　入库单（4）

业务资料二

根据业务资料二,完成杭州凯旋股份有限公司 2015 年度所得税汇算清缴纳税申报。2015 年预缴企业所得税 600 000.00 元,其他资料如附表 12 至附表 27 所示。

资料一

附表 12 利 润 表

税款所属期:2015 年　　　会企 02 表

编制单位:杭州凯旋股份有限公司　　　　2016 年 03 月　　　　单位:元

项　　目	本月数	本年累计
一、营业收入	152 261 312.00	92 625 498.00
减:营业成本	99 087 015.00	50 924 312.00
营业税金及附加	21 112 206.00	12 962 477.00
销售费用	15 209 604.00	8 882 621.00
管理费用	6 621 429.00	5 902 013.00
财务费用	2 019 725.00	1 209 634.00
资产减值损失	227 602.00	87 254.00
加:公允价值变动收益(损失以"－"号填列)		
投资收益(损失以"－"号填列)	1 124 900.00	800 000.00
其中:对联营企业和合营企业的投资收益		
二、营业利润(亏损以"－"号填列)	9 108 631.00	13 457 187.00
加:营业外收入	3 259 319.00	2 127 425.00
减:营业外支出	520 697.00	389 274.00
其中:非流动资产处置净损失		
三、利润总额(亏损总额以"－"号填列)	11 847 253.00	15 195 338.00
减:所得税费用	2 092 751.00	1 820 327.00
四、净利润(净亏损以"－"号填列)	9 752 502.00	13 375 011.00
五、每股收益:		
(一)基本每股收益		
(二)稀释每股收益		
六、其他综合收益		
七、综合收益总额		

资料二

附表 13 资 产 负 债 表

资　产	期末数	期初数	负债和所有者权益	期末数	期初数
流动资产:			流动负债:		
货币资金	36 602 773.06	27 675 432.70	短期借款		
以公允价值计量且其变动计入当期损益的金融资产			以公允价值计量且其变动计入当期损益的金融负债		
应收票据			应付票据		
应收账款	3 900 000.00	3 200 000.00	应付账款	5 435 455.00	6 642 000.00
预付款项	1 160 000.00	600 000.00	预收款项		
应收利息			应付职工薪酬	6 230 821.51	5 890 200.00

（续表）

资　产	期末数	期初数	负债和所有者权益	期末数	期初数
应收股利			应交税费	5 129 691.25	4 604 472.69
其他应收款	2 380 000.00	752 000.00	应付利息		
存货	9 042 906.94	6 684 205.25	应付股利		
划分为持有待售的资产			其他应付款	2 321 959.44	1 605 556.31
一年内到期的非流动资产			划分为持有待售的资产		
其他流动资产			一年内到期的非流动负债		
流动资产合计	53 085 680.00	38 911 637.95	其他流动负债		
非流动资产:			流动负债合计	19 117 927.20	18 742 229.00
可供出售金融资产			非流动负债:		
持有至到期投资			长期借款		
长期应收款			应付债券		
长期股权投资	12 000 000.00	7 000 000.00	长期应付款		
固定资产	26 258 059.20	21 579 541.05	预计负债		
在建工程		14 224 000.00	递延所得税负债		
工程物资			其他非流动负债		
固定资产清理			非流动负债合计		
生产性生物资产			负债合计		
油气资产			所有者权益（或股东权益）:		
无形资产	4 525 000.00	3 025 000.00	实收资本（或股本）	60 000 000.00	60 000 000.00
开发支出			资本公积		
商誉			减:库存股		
长期待摊费用			其他综合收益		
递延所得税资产			盈余公积	3 175 045.19	2 199 794.99
其他非流动资产			未分配利润	13 575 406.81	4 798 155.01
非流动资产合计	42 783 059.20	45 828 541.05	所有者权益合计	76 750 452.00	66 997 950.00
资产总计	95 868 739.20	84 740 179.00	负债和所有者权益总计	95 868 379.20	84 740 179.00

资料三

附表14　营业收入明细表

序号	收入项目	入账金额	备　　注
1	商品销售收入	148 602 312.00	
2	包装物租金收入	3 000 000.00	
3	包装物押金收入	59 000.00	
4	房租收入	600 000.00	
	合　　计	152 261 312.00	

资料四

附表15　营业外收入明细表

序号	收入项目	入账金额	备　注
1	处置固定资产利得	755 400.00	
2	转让专利技术利得	2 207 319.00	专利技术转让符合技术转让的税收优惠政策
3	无法偿还的应付账款	244 600.00	
4	罚没所得收入	50 000.00	
	合　　计	3 257 319.00	

资料五

附表16　投资收益明细表

序号	投资项目	投资金额	收益金额	备　注
1	投资A企业(非上市公司)股利	5 000 000.00	600 000.00	
2	国债利息收入	10 500 000.00	524 900.00	
	合　　计	15 500 000.00	1 149 000.00	

注:2013年,公司投资居民企业A公司(非上市公司),投资额5 000 000.00元,占股12%。2015年9月12日,从A公司分得股利600 000.00元。2015年10月30日,公司股东会决议,从A公司撤回全部投资款项5 000 000.00元。经双方协商同意,公司撤回投资不享有被投资企业的累计未分配利润和累计盈余公积。

资料六

附表17　成　本　明　细　表

序号	成本项目明细	实际发生数额	备　注
1	商品销售成本	97 287 015.00	
2	包装物出租成本	1 500 000.00	
3	房屋折旧费	300 000.00	
	合　　计	99 087 015.00	

资料七

附表18　管理费用明细表

序号	扣除项目明细	入账金额	备　注
1	工资薪金	2 660 000.00	
2	社会保险费	785 161.00	
3	住房公积金	352 800.00	
4	折旧费	1 457 000.00	
5	办公费	313 630.00	
6	业务招待费	380 000.00	
7	差旅费	106 200.00	
8	邮寄费	2 360.00	

（续表）

序号	扣除项目明细	入账金额	备　　注
9	费用化税金	207 850.00	
10	资产维修费	56 428.00	
11	无形资产摊销	300 000.00	
	合　计	6 621 429.00	

资料八

附表 19　销售费用明细表

序号	扣除项目明细	入账金额	备　　注
1	工资薪金	5 726 400.00	
2	社会保险费	1 201 129.60	
3	住房公积金	679 156.00	
4	折旧费	62 560.40	
5	业务招待费	775 200.00	
6	差旅费	564 888.00	
7	运输邮寄费	192 400.00	
8	房租费	662 000.00	
9	广告宣传费	5 045 870.00	
10	销售佣金	300 000.00	
	合　计	15 209 604.00	

注：①公司法人代表李天佑私人名下有一辆小轿车，2015年度该汽车油费、过路过桥费等使用费用总计52 000.00元，财务核算计入差旅费。其中，周小东私人使用发生费用50 000元，归属公司使用发生费用2 000.00元；②2015年，公司与独立销售中介签订中介协议，协议规定实现销售收入3 000 000.00元，销售佣金费率为10%。2015年，销售服务完成，公司支付中介销售佣金300 000.00元，取得税务机关代开的佣金发票一张；③2015年度，公司通过地方电视台投放毛绒玩具广告宣传费5 045 870.00元。

资料九

附表 20　财务费用明细表

序号	扣除项目明细	入账金额	备　　注
1	手续费	240 000.00	
2	利息支出	1 779 725.00	支付银行手续费
	合　计	2 019 725.00	

资料十

附表 21　全年实物福利发放明细表

序号	实　物	数量（只）	成本价格（每箱）	市场价格（每箱）	备　　注
1	龙猫 80 cm×60 cm	200	45.00	75.00	实物领用时，未计入营业收入，流转税及附加税已按税法要求进行纳税申报
2	大白 80 cm×60 cm	200	22.00	52.00	
3	阿狸 80 cm×60 cm	120	40.00	70.00	

资料十一

附表 22　营业外支出明细表

序号	扣除项目明细	实际支出数额	备　　注
1	工商行政罚款	20 000.00	
2	赞助费用	85 697.00	
3	捐赠支出	400 000.00	
4	经济赔偿	15 000.00	
	合　　计	520 697.00	

注：①2015 年捐赠支出 400 000.00 元，其中通过中国红十字会向地震灾区捐赠现金 300 000.00 元，取得中国红十字会开具的专用收据一份；为响应区政府提出的"春风行动"，公司直接向贫困地区捐赠物资 100 000.00 元。②因办事处没有及时办理工商营业执照，被当地工商局处以罚款 20 000.00 元，取得正规工商罚款收据一张。③因不能按时供货，造成合同违约，按合同条款支付客户赔偿金 15 000.00 元。

资料十二

附表 23　资产减值情况表

项　目	年初余额	本期计提	本期转回	年末余额
坏账准备	972 398.00	227 602.00		1 200 000.00

资料十三

2015 年，公司持有的固定资产如附表 24 所示（包含资料十四中的固定资产）。资产按企业会计准则进行核算，采用年限平均法计提折旧，净残值率为 5%。

附表 24　固定资产

序号	资　产	折旧摊销年限	资产原值	本年折旧	累计折旧
1	生产设备	10 年	8 458 200.00	768 927.27	5 920 345.43
2	与生产经营有关的器具工具家具	5 年	662 900.00	82 862.50	490 715.37
3	电子设备	3 年	486 240.00	97 248.00	405 295.75
4	房屋建筑物	20 年	26 200 000.00	1 326 315.79	7 294 736.85
5	交通工具	8 年	2 089 988.00	218 000.00	1 656 736.85
	无形资产（软件）	10 年	3 000 000.00	320 000.00	2 475 000.00

注：公司法人代表李天佑私人名下有一辆进口小轿车，原值 300 000.00 元。2015 年，财务部会计核算时计入公司的固定资产，按年限平均法计提折旧，2015 年计入折旧费 20 000.00 元。

资料十四

2015 年度，公司购入单位价值 5 000.00 元以下的固定资产明细如附表 25 所示。资产购入时，公司按会计准则进行核算。

附表 25　2015 年新购入使用固定资产明细

序号	购入月份	资产名称（类别）	数量	入账金额	备　　注
1	2 月	电脑（电子设备）	10	45 000.00	
2	6 月	路由器（电子设备）	4	15 000.00	享受税收优惠
3	9 月	显示器（电子设备）	50	45 000.00	
	合　　计			105 000.00	

资料十五

附表 26 人工费用明细表

序号	费用项目	实际支出数额	备　　注
1	工资支出	9 520 800.00	
2	福利费用支出	1 425 640.00	
3	职工教育经费支出	300 000.00	
4	工会经费	189 800.00	
5	基本社会保险支出	1 085 282.20	
6	住房公积金支出	885 577.80	
合　　计		13 407 100.00	

备注:①工资支出符合税法规定。②上缴并取得工会开具收据的工会经费 151 840.00 元,公司员工活动发生计入工会经费 37 960.00 元。③2015 年,公司安置残疾人员 2 名,签订劳动合同并缴纳社会保险,符合税收优惠政策要求;公司为残疾人员支付工资 120 000.00 元、社会保险费 21 600.00 元和住房公积金 14 400.00 元。

资料十六

附表 27 公司近 5 年盈利及亏损情况表

年　　度	盈利额或亏损额	备　　注
2010	−1 050 620.00	
2011	1 072 080.00	
2012	2 292 000.00	
2013	−3 079 200.00	
2014	6 962 060.00	